Klemens von Alexandrien

Welcher Reiche wird gerettet werden?

SCHRIFTEN DER KIRCHENVÄTER

Herausgegeben von Norbert Brox

BAND 1

KLEMENS VON ALEXANDRIEN

WELCHER REICHE WIRD GERETTET WERDEN?

Deutsche Übersetzung
von Otto Stählin
Bearbeitet von Manfred Wacht

KÖSEL-VERLAG MÜNCHEN

Die Übersetzung der Schrift ist entnommen aus:
Clemens von Alexandreia, Ausgewählte Schriften.
Aus dem Griechischen übersetzt von Otto Stählin, I. Band
(Bibliothek der Kirchenväter, 2. Reihe Band VII),
München 1934.

CIP-Kurztitelaufnahme der Deutschen Bibliothek

Clemens ⟨Alexandrinus⟩:
Welcher Reiche wird gerettet werden? / Klemens
von Alexandrien. Dt. Übers. von Otto Stählin.
Bearb. von Manfred Wacht. – München: Kösel, 1983. –
96 S.
(Schriften der Kirchenväter; Bd. 1)
Einheitssacht.: Quis dives salvetur? ⟨dt.⟩
ISBN 3-466-25031-5
NE: Wacht, Manfred [Bearb.]; Stählin, Otto
[Übers.]; GT

ISBN 3-466-25031-5

Gesamtherstellung: Kösel, Kempten
Umschlag: Günther Oberhauser, München

Vorwort des Herausgebers

Kirchenvätertexte in handlicher Ausgabe vorzulegen bedeutet, ihre Lektüre zu empfehlen und dem Leser einen Gewinn daraus zu versprechen. Der Gewinn kann freilich denkbar verschieden sein. Vor dem jeweiligen Hintergrund der verschiedenen historischen Epochen seit altkirchlicher Zeit lasen sich die Väter sehr unterschiedlich. Unter wechselnden Bedingungen suchte oder bewies man den Konsens mit ihnen, um in Dogma und Glaube durch sie bestätigt zu sein. Aber nicht nur Bestätigung, auch Erneuerung berief sich in der Regel auf die Väter. Ein Christentum, das man gealtert und verschlissen sah, wurde von seinen Reformern in einem oft fast romantischen Stil an die Kraft des unverdorbenen Ursprungs erinnert, die (nächst der Bibel) in den Väterschriften erreichbar war.

Die Aura solcher Gedanken beherrscht auch das Vorwort, das *O. Bardenhewer* zum Start der neuen Auflage der „Bibliothek der Kirchenväter“ im Jahr 1911 schrieb (=*Augustinus*, Ausgewählte Schriften, Bd. I, 1911). Die emotionale Begeisterung für eine heroische und reine Frühzeit und der konfessionelle Stolz auf den Besitz der Väter, wie sie sich dort äußern, sind gegen Ende dieses Jahrhunderts allerdings nicht mehr wiederholbar. Das Interesse an der altkirchlichen Literatur hat sich vom dogmatisch-kirchlichen Nutzwert stärker dem historisch-hermeneutischen Erkenntniswert zugewendet, den die Beschäftigung mit historischer Theologie hat.

Unter dieser Hinsicht will die hier begonnene Reihe von „Schriften der Kirchenväter“ aus dem großen Repertoire der „Bibliothek der Kirchenväter“ (1911–1938 im Kösel Verlag) einzelne überschaubare Schriften hervorheben, die als Einzelbeispiele die wechselseitigen Relationen von Spätantike/

Frühmittelalter und Christentum dokumentieren und damit Aufschlüsse über die Grundlagen der Geschichte des Christentums und der Kultur im hiesigen Raum bis zu deren heutigen Formen anhand von Originaldokumenten ermöglichen. Die Erläuterungen, in denen jede einzelne Väterschrift summarisch zur Lektüre erschlossen wird, informieren über die Entstehung und Struktur altchristlicher Tradition im Einzelfall. In etlichen Fällen bleibt dem Leser viel zu denken, sobald er die Genese damals geprägter Ideen mit ihrer historischen Tragweite vergleicht.

In einem Punkt kann das Vorwort von O. *Bardenhewer* unverändert zitiert werden: „Daß die Verlagshandlung [jetzt: der Kösel Verlag], welche die Sorge für Verbreitung der Werke der Kirchenväter zu ihren stolzesten Traditionen zählt, auch auf eine schmucke und würdige Gewandung der neuen Auflage Bedacht genommen hat, dürfte der vorliegende Band zeigen“.

Regensburg, 28. November 1982 *Norbert Brox*

Inhaltsübersicht über den Text

Anmerkung zur Lektüre: Das Zeichen * am Rand des Textes verweist jeweils auf eine *Bemerkung zur Übersetzung* bzw. zu den Fußnoten des Übersetzers; siehe S. 91.

WELCHER REICHE WIRD GERETTET WERDEN?[1]

1, 1.[2] Diejenigen, die den Reichen Lobreden als Geschenke darbringen, verdienen es, wie mir scheint, daß man ihnen nicht nur den Vorwurf der Schmeichelei und unedler Gesinnung macht, da sie in der Hoffnung auf großen Lohn den Schein erwecken wollen, als spendeten sie Dankenswertes mit dem, was doch keinen Dank verdient, sondern auch den Vorwurf der Gottlosigkeit und der Arglist. 2. Denn gottlos sind sie, weil sie es unterlassen, den allein vollkommenen[3] und guten[4] Gott zu loben und zu preisen, von dem alle Dinge und durch den alle Dinge und zu dem alle Dinge sind,[5] und die ihm gebührende[6] Ehre Menschen erweisen,[7] die ein schwelge-

[1] In der Handschrift (vgl. zu der Überlieferung der Schrift die Einleitung des ersten Bandes S. 42) ist weder der Verfasser noch der Titel der Schrift angegeben; aber der Titel der Homilie ist bei Euseb. Hist. eccl. III 23, 5; VI 13, 3; Hieron. De vir. ill. 38; Phot. Cod. 111 erhalten. — Über den Inhalt und Zweck der Schrift vgl. die Einleitung S. 35 ff., über die Ausgaben ebd. S. 44.

[2] Die Eskurialhandschrift scheint von einer Handschrift abgeschrieben worden zu sein, deren erstes Blatt beschädigt war, so daß manche Wörter nicht mehr zu lesen waren. Die Abschrift ließ daher an solchen Stellen leeren Raum. Der allgemeine Sinn ist trotz dieser Lücken überall klar; dagegen ist es im einzelnen fraglich, wie die Lücken zu ergänzen sind. Ich gebe im folgenden an, welchen Text ich der Übersetzung zugrunde lege.

[3] Vgl. Matth. 5, 48.

[4] Vgl. ebd. 19, 17; Mark. 10, 18; Luk. 18, 19.

[5] Vgl. Röm. 11, 36. [6] Ich übersetze τούτου τὸ γέρας.

[7] Vgl. Protr. 56, 3.

risches und unreines[1] Leben führen und, was[2] das Wichtigste ist, des göttlichen Gerichtes gewärtig sein müssen.[3]
3.[4] Arglistig aber sind sie, weil sie, während doch der Überfluß für sich allein hinreicht, den Sinn der Besitzenden aufzublähen und zu verderben und von dem Wege, auf dem man zum Heil gelangen kann, abwendig zu machen, noch obendrein das Denken der Reichen in die Irre führen, indem sie sie durch die Ergötzung, die ihnen die maßlosen Lobsprüche bereiten, hochmütig machen und sie dahin bringen, daß sie geradezu alles mit Ausnahme des Reichtums verachten, der ihnen die Bewunderung verschafft; sie leiten, um mit dem Sprichwort zu reden, Feuer zu Feuer,[5] häufen Hoffart auf Hoffart und fügen zu dem Reichtum, der schon an und für sich eine schwere Last ist, eine noch weit schwerere Bürde, den Stolz, während sie doch vielmehr jene Last vermindern und beschränken und wie eine gefährliche und todbringende Krankheit behandeln sollten; denn wer sich selbst erhöht und groß macht, hat unweigerlich auch mit dem Umschwung des Geschicks, dem Abstieg und dem Sturz in die Tiefe zu rechnen, wie das Wort Gottes lehrt.[6]
4. Mir scheint es aber viel liebevoller zu sein, wenn man die Reichen, anstatt daß man ihnen zu ihrem Schaden Ehren erweist, auf alle mögliche Weise zum Heile zu führen sucht.[7] Das geschieht aber teils, indem wir das Heil von Gott erbitten, der solche Gaben seinen Kindern sicher und gern gewährt, teils, indem wir mit unserer Rede durch die Gnade des Heilandes ihre Seelen heilen,

[1] Ich übersetze ἐν ἀσώτῳ καὶ βορβορώδει.
[2] Ich übersetze καὶ ὅτιπερ. [3] Ich übersetze ὑποκειμένοις.
[4] Das Folgende bis „Bewunderung verschafft" ist Sacr. Par. 285 Holl.
[5] Zu dem sprichwörtlichen Ausdruck vgl. Paid. II 20, 3; Platon, Gesetze II p. 666 A.
[6] Vgl. Matth. 23, 12; Luk. 14, 11; 18, 14; Ezech. 21, 26; Antonius Melissa p. 140 Gesner.
[7] Da dem Sinn nach nichts fehlt, habe ich nur die überlieferten Worte übersetzt, ohne die Lücken der Handschrift zu berücksichtigen.

sie erleuchten und zum Besitz der Wahrheit führen; denn nur wer diese erlangt und sein Licht durch gute Werke leuchten läßt, wird den Siegespreis[1] des ewigen Lebens davontragen.[2] 5. Es hat aber einerseits das Gebet eine Seele nötig, die bis zu dem letzten Tage des Lebens kräftig und beharrlich bleibt, und andererseits ein entsprechender Wandel eine gute und beständige Gesinnung, die allen Geboten des Heilandes zu gehorchen bestrebt ist.[3]

2, 1. Der Grund aber dafür, daß es für die Reichen offenbar schwieriger ist, zum Heil zu gelangen, als für die Mittellosen, dürfte nicht einfach, sondern mannigfach sein. 2. Die einen fassen nämlich das Wort des Herrn, daß leichter ein Kamel durch ein Nadelöhr gehe als daß ein Reicher in das Himmelreich komme,[4] ohne Rücksicht auf den Zusammenhang und oberflächlich auf und halten sich für verloren,[5] als sei schon bestimmt, daß sie nicht zum ewigen Leben gelangen können, geben sich deshalb in allem dieser Welt hin und hängen sich ganz an das diesseitige Leben in der Überzeugung, daß nur dieses ihnen geblieben sei. So entfernen sie sich noch mehr von dem Wege zum Heil, da sie sich nicht mehr weder darum kümmern, wer die Reichen sind, von denen der Herr und Meister redet, noch darum, auf welche Weise das, was vor Menschen unmöglich ist, möglich werden kann.[6] 3. Andere aber verstehen zwar das Herrnwort richtig und sinngemäß, unterlassen aber die Werke, die zum Heile führen, und versäumen so die notwendige Vorbedingung für das Erreichen des erhofften Ziels. 4. Dies beides sage ich aber in bezug auf die Reichen, die die Macht des Heilands und die in ihm erschienene Erlösung kennengelernt haben, während ich mich wenig

[1] Vgl. Phil. 3, 14.
[2] Vielleicht ist hier mit E. Schwartz eine Lücke anzunehmen.
[3] Das hier verwendete griechische Wort stammt aus Phil. 3, 13.
[4] Vgl. Mark. 10, 25; Matth. 19, 24; Luk. 18, 25.
[5] Vgl. Past. Herm. Mand. XII 6, 2. [6] Vgl. Mark. 10, 27.

um die kümmere, die noch nicht in die wahre Lehre eingeweiht sind.

3, 1. Wer nun von Liebe zur Wahrheit und von Liebe zu den Brüdern erfüllt ist[1] und sich nicht selbstgefällig über die zum Heile eingeladenen[2] Reichen erhaben dünkt noch andererseits im Streben nach eigenem Vorteil unterwürfig gegen sie ist, der muß sie zunächst durch Zureden aus ihrer unbegründeten Verzweiflung befreien und vermittelst der nötigen Erklärung der Worte des Herrn nachweisen, daß ihnen, wenn sie den Geboten gehorchen, die Hoffnung auf das Erbe des Himmelreichs nicht völlig abgeschnitten ist. 2. Sodann, nachdem sie so erkannt haben, daß ihre Furcht grundlos ist[3] und daß der Heiland sie gern annimmt, wenn sie nur selbst wollen, muß man ihnen ferner zeigen und ihnen klar vor Augen führen,[4] auf welche Weise und durch welche Werke und mit welcher Gesinnung sie der Hoffnung teilhaftig werden können, da sie weder unerreichbar für sie ist noch andererseits ihnen ohne weiteres zuteil wird. 3.[5] Vielmehr müssen die Reichen dieser Welt — um Geringes und Vergängliches mit Großem und Unvergänglichem zu vergleichen — das nämliche beherzigen, was bei Wettkämpfern gilt. 4. Wer nämlich von diesen die Hoffnung aufgegeben hat, daß es für ihn möglich sei, zu siegen und den Kranz zu erlangen, läßt sich überhaupt nicht für den Kampf einschreiben; wer dagegen die Hoffnung auf den Sieg in seinem Herzen hegt, sich aber den nötigen Anstrengungen und Übungen und der richtigen

[1] Ich übersetze *διακειμένους*.

[2] Zu dem hier verwendeten Wort *κλητῶν* vgl. 1 Kor. 1, 24.

[3] Die Redensart *ἀδεὲς δεδίασι δέος* ist aus Platon, Sympos. p. 198 A entnommen.

[4] Der hier verwendete Ausdruck *μυσταγωγεῖν* stammt aus der Mysteriensprache.

[5] Der im folgenden gebrauchte Vergleich zwischen dem Christen und dem Wettkämpfer ist in der altchristlichen Literatur häufig; vgl. die von Joh. Geffcken zu Orac. Sibyll. II 37 ff. gesammelten Stellen.

Lebensweise nicht unterziehen will, bleibt unbekränzt und gelangt nicht zu dem erhofften Ziel. 5. So soll auch ein Mensch, der im Besitz dieser irdischen Güter ist, sich weder von vorneherein für ausgeschlossen von den Siegespreisen des Heilandes erklären, wenigstens sofern er gläubig ist und die Größe der Liebe Gottes zu den Menschen kennt, noch darf er andererseits, wenn er ohne Übung und ohne Kampf bleibt, hoffen, ohne den Staub und den Schweiß des Kampfplatzes den Siegeskranz des ewigen Lebens zu erlangen.[1] 6. Vielmehr wird er sich selbst mit Freuden dem Logos als dem Lehrmeister im Kämpfen[2] und Christus als dem Kampfrichter unterwerfen. Vorgeschriebene Speise und Trank sei für ihn das neue Testament des Herrn,[3] seine Übungen seien die Gebote,[4] seine gute Haltung und sein Schmuck bestehe in den herrlichen Tugenden, der Liebe, dem Glauben, der Hoffnung,[5] der Erkenntnis der Wahrheit, der Güte,[6] der Sanftmut, der Barmherzigkeit, der Keuschheit, damit er, wenn die letzte Posaune[7] das Zeichen für das Ende des Laufes und für den Abschied vom Diesseits[8] und damit gleichsam von der Rennbahn dieses Lebens gibt, mit gutem Gewissen als Sieger vor den Kampfrichter treten kann und für würdig des himmlischen Vaterlands erklärt werde, in das er geschmückt mit Siegeskränzen und empfangen von dem Heroldsruf der Engel heimkehrt.[9]

[1] Vgl. 1 Kor. 9, 25.
[2] Mit γυμναστής ist der berufsmäßige Lehrmeister des Athleten, der Trainer, gemeint.
[3] Vgl. 1 Kor. 11, 25.
[4] Vgl. Strom. VII 83, 2: „sich übend durch die Gebote".
[5] Vgl. 1 Kor. 13, 13.
[6] Ich übersetze das von Fell eingesetzte Wort ἐπιείκεια.
[7] Vgl. 1 Kor. 15, 52.
[8] Der Übersetzung liegt der geänderte Text τὸ τέλος τοῦ δρόμου (vgl. 2 Tim. 4, 7) καὶ τὴν ἐντεῦθεν ἔξοδον zugrunde.
[9] Wer in den großen Nationalwettkämpfen einen Siegespreis erhalten hatte, wurde bei seiner Rückkehr in die Heimat mit großen Ehren empfangen.

4, 1. Hier wollen wir also unsere Darlegung beginnen; möge uns aber der Heiland dazu helfen, daß wir unseren Brüdern das, was wahr, geziemend und heilsam ist, vor Augen führen, zunächst hinsichtlich der Hoffnung selbst und sodann hinsichtlich des Weges zur Erlangung der Hoffnung! 2. Er gibt aber denen, die ihn bitten, und belehrt, die ihn fragen, und befreit von Unwissenheit und verscheucht die Verzweiflung, indem er die gleichen Worte über die Reichen noch einmal vor Augen führt, damit sie sich selbst erklären und zuverlässig erläutern. 3. Denn nichts kommt dem gleich, daß man die Worte des Herrn aus den Evangelien wieder selbst hört, die uns bisher beunruhigten, weil wir sie infolge unserer Torheit nicht genau überlegten und falsch auffaßten.

4.[1] „Als er auf die Straße hinausging, kam einer herbei, fiel vor ihm auf die Knie und sprach: Guter Meister, was muß ich tun, um ewiges Leben zu erben? 5. Und Jesus sagt: Warum nennst du mich gut? Niemand ist gut als Gott allein. Die Gebote kennst du: Du sollst nicht ehebrechen, nicht töten, nicht stehlen, nicht falsches Zeugnis reden, ehre deinen Vater und deine Mutter! 6. Er aber antwortet und sagt zu ihm: All das habe ich gehalten von meiner Jugend auf.[2] Und Jesus sah ihn an, gewann ihn lieb und sagte: Eines fehlt dir noch; wenn du vollkommen sein willst, verkaufe alles, was du hast, und verteile es unter die Armen, und du wirst

[1] Der Abschnitt 4, 4—10, eine wörtliche Anführung aus Mark. 10, 17—31, ist für unsere Kenntnis der von Clemens benützten Form des neutestamentlichen Textes wichtig. Sie zeigt hier wie an anderen Stellen Verwandtschaft mit dem sogenannten „westlichen" Text. Z. B. steht der Zusatz „und Äcker" (Mark. 10, 22), den Clemens hier bietet, in keiner griechischen Handschrift des Neuen Testaments, aber in der altlateinischen Übersetzung. Vgl. zu der ganzen Stelle P. M. Barnard, The Biblical Text of Clement of Alexandria, Cambridge 1899, S. 32—36.

[2] Die Worte „von meiner Jugend auf" fehlen an dieser Stelle in der Handschrift, aber, wie 8, 2. 3; 10, 4 zeigen, nur durch ein Versehen.

einen Schatz im Himmel haben, und dann komm und folge mir nach! 7. Er aber wurde über das Wort betrübt und ging traurig fort; denn er hatte viel Geld und Äcker. 8. Jesus aber sieht umher und sagt zu seinen Jüngern: Wie schwer werden die, die das Geld haben, in das Reich Gottes eingehen! Die Jünger aber waren über seine Worte verwundert. 9. Und Jesus nimmt wieder das Wort und sagt zu ihnen: Kinder, wie schwer ist es, daß die, die auf Geld vertrauen, in das Reich Gottes eingehen! Leichter wird ein Kamel durch das Nadelöhr gehen als ein Reicher in das Reich Gottes kommen. Sie aber erschraken über die Maßen und sagten: Wer kann dann gerettet werden? Er aber sah sie an und sagte: Was bei Menschen unmöglich ist, das ist bei Gott möglich. 10. Da begann Petrus zu ihm zu sagen: Siehe, wir haben alles verlassen und sind dir gefolgt. Da antwortete Jesus: Wahrlich, ich sage euch: Wer sein Eigentum und seine Eltern und Brüder und sein Geld meinetwegen und wegen des Evangeliums verläßt, wird Hundertfältiges empfangen. Jetzt in dieser Zeit Äcker und Geld und Häuser und Brüder unter Anfechtungen zu haben, wozu ist das nütze?[1] In der zukünftigen Welt aber ist ewiges Leben. Die ersten werden die letzten und die letzten werden die ersten sein."

[1] Der Bibeltext des Clemens weicht hier wesentlich von der übrigen Überlieferung ab, die auch ihrerseits nicht einheitlich ist; vgl. E. Schwartz, Hermes 38 (1903) S. 87 ff. Der Sinn des für Clemens vorauszusetzenden Textes ist durch seine Erklärung gegeben; vgl. vor allem 25, 3: *τὸ δὲ μετὰ διωγμῶν ταῦτα ἕκαστα ἔχειν ἀποδοκιμάζει.* Demnach las er in seinem Text, daß der Herr den Besitz der irdischen Güter verwirft, wenn er mit Verfolgungen verbunden ist. Damit ist die starke Satztrennung vor „Jetzt in dieser Zeit" und der für die Schlußworte des Satzes zu fordernde Sinn gegeben. Überliefert ist hier *εἰς που*, an der Parallelstelle 25, 1 *εἶς που.* Statt eine der verschiedenen Änderungen aufzunehmen, fasse ich *εἰς ποῦ* in der Bedeutung „zu welchem Zweck?" Daß an dem Text willkürliche Änderungen vorgenommen wurden, zeigt der Vergleich der Paralleltexte.

5, 1. So steht in dem Evangelium nach Markus geschrieben. Und in all den anderen anerkannten[1] Evangelien ist vielleicht zwar hin und wieder eine kleine Änderung in den Worten, aber alle zeigen den gleichen, übereinstimmenden Sinn. 2. Wir müssen aber genau wissen, daß der Heiland die Seinen nie in Menschenweise, sondern immer mit göttlicher und geheimnisvoller (mystischer) Weisheit lehrt, und darum dürfen wir seine Worte nicht in fleischlicher Weise[2] auffassen, sondern müssen den in ihnen verborgenen Sinn mit dem dazu nötigen sorgfältigen Nachdenken zu erforschen und zu verstehen suchen. 3. Denn auch die Worte, die von dem Herrn selbst den Jüngern ganz eindeutig gesagt zu sein scheinen, erfordern, wie es sich zeigt, wegen des überschwenglichen Maßes der in ihnen enthaltenen Weisheit auch jetzt noch nicht weniger, sondern noch mehr Nachdenken als die in Rätselform gesprochenen Worte. 4. Wenn aber auch die Worte, die von ihm seinen nächsten Jüngern und eben denen, die von ihm Kinder des Himmelreichs genannt worden sind,[3] gedeutet zu sein scheinen, noch mehr Nachdenken erfordern, dann darf man doch gewiß diejenigen Worte nicht oberflächlich mit den Ohren aufnehmen, die so einfach ausgesprochen zu sein scheinen, daß die Hörer nicht einmal eine Frage darüber stellten, die aber für das ganze Endziel, nämlich unsere Erlösung, von Bedeutung sind, deren Verständnis jedoch durch die wunderbare und überhimmlische Tiefe ihres Gedankens verhüllt ist. Vielmehr müssen wir unseren Sinn in den Geist des Erlösers selbst und in das Geheimnis seines Gedankens versenken.

[1] Clemens unterscheidet die vier kanonischen Evangelien von den apokryphen Evangelien, wie dem Ägypter- und dem Hebräerevangelium, die er gelegentlich nennt. Die Perikope steht Matth. 19, 16—30; Luk. 18, 18—30.

[2] Damit ist ein buchstäbliches, nicht in den geheimen Sinn eindringendes Verständnis des Textes gemeint.

[3] Vgl. Matth. 13, 38.

6, 1. Denn unser Herr und Heiland hat gern eine Frage an sich richten lassen, die ganz und gar ihm entsprach, insofern nämlich das Leben über das Leben, der Erlöser über die Erlösung, der Lehrer über das Hauptstück der von ihm gegebenen Lehren, die Wahrheit über die wahre Unsterblichkeit, das Wort über das Wort des Vaters, der Vollkommene über die vollkommene Ruhe, der Unvergängliche über die unbestreitbar gewisse Unvergänglichkeit gefragt wurde. 2. Er hat sich fragen lassen über eben die Dinge, derentwegen er auf die Erde herabgekommen ist, für die er erzieht, die er lehrt, die er schenkt, damit er den Inhalt des Evangeliums lehre, daß es nämlich die Gabe des ewigen Lebens ist. 3. Er weiß aber als Gott im voraus, was er gefragt werden und was einer ihm antworten wird. Denn wer sollte das besser wissen als der Prophet der Propheten und der Herr jeglichen prophetischen Geistes? 4. Da er aber gut genannt wurde, knüpft er an eben dieses Wort als erstes an und beginnt von eben diesem Ausgangspunkt aus seine Belehrung, indem er den Jünger auf Gott den Guten und ersten und einzigen Verwalter[1] des ewigen Lebens hinweist, das der Sohn von ihm empfangen hat und uns gibt.[2]

7, 1. Man muß also gleich von Anfang an die größte und wichtigste der zum ewigen Leben führenden Lehren der Seele einprägen, die in der Erkenntnis besteht, daß der ewige Gott der Geber ewiger Güter und der erste und höchste und der eine und gute Gott ist.[3] Ihn können wir zu eigen gewinnen durch Erkenntnis und gläubiges Erfassen. 2. Denn das ist der unveränderliche und unerschütterliche[4] Anfang und Grund ewigen Lebens, die Erkenntnis Gottes des wahrhaft Seienden, der uns das

[1] Einige der hier verwendeten Ausdrücke stammen aus Platon, Staat II p. 379 C. E.

[2] Vgl. Joh. 5, 26; 17, 2. [3] Vgl. ebd. 17, 3.

[4] Die Wahl der Ausdrücke ist beeinflußt von der stoischen Definition des Begriffes ἐπιστήμη, die als ἀμετάπτωτος ὑπὸ λόγου bezeichnet wird; vgl. Strom. II 9, 4; 47, 4; 76, 1; VI 54, 1. 2; VII 17, 2.

wirklich Seiende, das ist das Ewige, schenkt, von dem alles andere das Leben und das Bestehen empfangen muß. 3. Denn Gott nicht zu kennen, ist der Tod, während ihn zu erkennen und ihn sich anzueignen und ihn zu lieben und ihm ähnlich zu werden, allein Leben ist.[1]

8, 1. Daher ermahnt der Herr den, der nach dem wahren Leben[2] strebt, zuerst den kennen zu lernen, den „niemand erkennt als der Sohn und wem es der Sohn offenbart",[3] sodann als zweites nach Gott die Größe des Heilandes und das Neue zu erfassen, das in seiner Gnade besteht; denn nach dem Apostel „wurde das Gesetz durch Moses gegeben, die Gnade und Wahrheit durch Jesus Christus".[4] Denn die durch einen treuen Diener vermittelten Gaben sind nicht gleich wert den durch einen vollbürtigen Sohn gegebenen Geschenken.[5] 2. Wenn nämlich das Gesetz des Moses fähig gewesen wäre, ewiges Leben zu gewähren, so war es überflüssig, daß der Heiland selbst kommt[6] und unseretwegen leidet, indem er von der Geburt bis zum Kreuze[7] das ganze menschliche Leben durchläuft;[8] und überflüssig war es, daß der, der alle Gebote des Gesetzes „von Jugend auf"[9] erfüllt hat, von einem anderen fußfällig die Unsterblichkeit erbittet. 3. Denn er hat nicht nur das Gesetz erfüllt, sondern auch dies gleich von seiner ersten Jugend an getan. Denn was wäre es auch Großes oder Herrliches um ein Greisenalter, das von den Verfehlungen frei ist, die aus den jugendlichen Begierden oder aus brennendem Zorn oder aus Habgier erwachsen? Wenn aber jemand mitten in der frischen Kraft der Ju-

[1] Vgl. Platon, Theait. p. 176 AB. [2] Vgl. 1 Tim. 6, 19.
[3] Matth. 11, 27. [4] Joh. 1, 17. [5] Vgl. Hebr. 3, 5 f.
[6] Vgl. Gal. 2, 21.
[7] Das Wort σημεῖον („Zeichen") bedeutet bei Clemens oft „Kreuz"; vgl. Strom. V 35, 1; VI 84, 3. 4; 87, 2; VII 79, 5. 7; Exc. ex Theod. 42, 2; 43, 1; die gleiche Bedeutung auch schon im Barnabasbrief 12, 5.
[8] Vgl. Phil. 2, 8. [9] Vgl. Mark. 10, 20.

gend[1] oder in der Glut der Jünglingsjahre Weisheit zeigt und sich so als über sein Alter hinaus zu würdiger Reife gelangt erweist, so ist er ein bewundernswerter und ausgezeichneter Kämpfer, der wegen seiner Weisheit Achtung verdient.[2] 4. Aber trotzdem ist dieser Jüngling, der sich so verhielt, fest davon überzeugt, daß ihm, wenn ihm auch nichts mehr zur Gerechtigkeit fehlt, doch das Leben völlig fehle; und deswegen erbittet er es von dem, der allein es geben kann. Und hinsichtlich des Gesetzes spricht er zuversichtlich, den Sohn Gottes aber fleht er demütig an. 5. Er geht „von Glauben zu Glauben"[3] über. Da sein Lebensschiff im Bereich des Gesetzes unsicher schwankt und an einer gefährlichen Stelle vor Anker liegt, ändert er seinen Platz und wirft Anker bei dem Heiland.

9, 1. Jesus wirft ihm nun nicht etwa vor, daß er nicht alle Gebote des Gesetzes erfüllt habe,[4] sondern gewinnt ihn lieb und freut sich über seinen willigen Gehorsam in dem, was er gelernt hatte; aber er sagt ihm, daß er noch unvollkommen für das ewige Leben sei, da er nicht Vollkommenes erfüllt habe, und zwar ein Täter des Gesetzes sei, aber durch all sein Tun das wahre Leben noch nicht gewonnen habe. 2. Sicherlich sind auch jene Gebote gut (wer wollte das leugnen? Denn „das Gebot ist heilig"),[5] da sie (in ihrer Wirkung) bis zu einer gewissen mit Furcht verbundenen Erziehung und einer Art von Vorbildung auf die höchste durch Christus vermittelte Gesetzgebung[6] und Gnade gelangen; „Erfüllung des Gesetzes[7] aber ist Christus zur Gerechtigkeit jedem, der glaubt",[8] indem er diejenigen, die den Willen

[1] Der hier gebrauchte Ausdruck *νεοτήσιον σκίρτημα* findet sich bei dem Sophisten Antiphon Fr. 131 Blaß (Stob. Flor. 68, 37).

[2] Der gleiche Gedanke findet sich bei Philon, De post. Caini 71.

[3] Vgl. Röm. 1, 17; ähnlich auch Strom. II 29, 3 verwendet.

[4] Vgl. Strom. IV 29, 3. [5] Röm. 7, 12. [6] Vgl. Gal. 3, 24.

[7] Röm. 13, 10. [8] Vgl. ebd. 10, 4.

des Vaters erfüllen,[1] nicht wie ein Sklave[2] zu Sklaven, sondern zu Söhnen und Brüdern und Miterben macht.[3]

10, 1. „Wenn du vollkommen werden willst."[4] Er war also noch nicht vollkommen; denn nichts ist vollkommener als das Vollkommene.[5] Und in göttlicher Weise zeigte das Wort „wenn du willst",[6] daß die Seele, die mit ihm sprach, freien Willen[7] hatte. Denn der Mensch hatte die Möglichkeit zu wählen, da er frei war; Gott aber hatte die Möglichkeit zu geben, da er der Herr ist. 2. Er gibt aber denen, die die Gabe wünschen und sich eifrig um sie bemühen und um sie bitten, damit so die Erlösung ihr Eigentum werde. Denn Gott zwingt nicht, Gewalt ist ja Gott verhaßt, sondern er gibt denen, die suchen, und schenkt denen, die bitten, und öffnet denen, die anklopfen.[8] 3. Wenn du also willst, wenn du wirklich willst und dich nicht selbst täuschest, so erwirb dir das, was dir noch fehlt! „Eins fehlt dir",[9] das eine, das nur ich geben kann, das Gute, das schon über das Gesetz erhaben ist, das das Gesetz nicht geben kann, wozu das Gesetz nicht fähig ist, das der einzigartige Besitz derer ist, die das Leben haben. 4. Offenbar konnte

[1] Vgl. Matth. 12, 50.

[2] Statt δοῦλος („ein Sklave") ist vielleicht ὁ νόμος („das Gesetz") zu lesen.

[3] Vgl. Röm. 8, 14—17.

[4] Matth. 19, 21; vgl. Mark. 10, 21, oben § 4, 6.

[5] Bei dem Begriff „vollkommen" gibt es keine Möglichkeit der Steigerung; also ist aus dem Satzteil „wenn du vollkommen werden willst" zu entnehmen, daß der Jüngling noch nicht vollkommen war.

[6] Matth. 19, 21; vgl. Mark. 10, 21.

[7] Clemens legt großen Wert auf die Lehre von dem freien Willen des Menschen, durch den er für seine Taten verantwortlich ist; vgl. z. B. Protr. 99, 4; Strom. I 83.

[8] Vgl. Matth. 7, 7; Luk. 11, 9; Sacr. Parall. 286 Holl.

[9] Luk. 18, 22; vgl. Mark. 10, 21. Es ist zu beachten, daß sich Clemens bei der Auslegung der einzelnen Verse oft nicht an den Wortlaut des Markusevangeliums, dessen Text er der ganzen Abhandlung vorausgeschickt hat, sondern an einen der Paralleltexte anschließt.

der, der alle Gebote des Gesetzes „von Jugend auf“[1] erfüllt und sich übermäßig gebrüstet hatte, dieses eine, nämlich das, was allein dem Heiland vorbehalten ist, zu allem andern nicht hinzufügen, um so das ewige Leben zu erlangen, nach dem er sich sehnte; vielmehr ging er traurig fort, betrübt über die Forderung, deren Erfüllung die Voraussetzung des Lebens war, um das er flehte. 5. Denn er wollte nicht wirklich das Leben, wie er sagte, sondern umhüllte sich nur mit dem Schein einer guten Absicht und konnte sich zwar um vieles bemühen, aber er hatte weder die Fähigkeit noch den Willen noch die Kraft, das eine, das Werk des Lebens, zu vollbringen. 6. Es war ähnlich wie bei Martha: Als sie sich viele Mühe machte und geschäftig hin und her eilte und sich von den Sorgen für die Bewirtung beunruhigen ließ, ihrer Schwester aber Vorwürfe machte, weil sie, ohne sich um die Bewirtung zu kümmern, zu den Füßen des Heilandes saß und sich die Zeit nahm, von ihm zu lernen, da sagte der Heiland zu ihr: „Du machst dir viel Unruhe; Maria aber hat das gute Teil erwählt, und es soll ihr nicht genommen werden.“[2] 7. So befahl er auch diesem, seine Vielgeschäftigkeit aufzugeben, sich nur um eines zu kümmern und dabei zu bleiben,[3] nämlich bei der Gnade dessen, der ewiges Leben gewährt.

11, 1. Was war es nun, was ihn veranlaßte, fortzugehen, und bewirkte, daß er treulos alles im Stich ließ, den Meister, seine eigene Bitte, die Hoffnung, das Leben, alles das, was er vorher geleistet hatte?[4] „Verkaufe, was du hast!“[5] 2. Was bedeutet das? Er befiehlt ihm nicht, wie manche das Wort in oberflächlicher Weise auffassen, das Vermögen, das er besitzt, wegzuwerfen und auf sei-

[1] Vgl. Mark. 10, 20. [2] Vgl. Luk. 10, 38—42.
[3] Das griechische Wort bedeutet eigentlich „dabei zu sitzen“, so wie Maria beim Herrn saß.
[4] Damit ist die Erfüllung der Gebote gemeint.
[5] Vgl. Matth. 19, 21; vgl. Mark. 10, 21.

nen Besitz zu verzichten, sondern aus seiner Seele die Gedanken an den Besitz zu verbannen, die leidenschaftliche Liebe zu ihm, das gewaltige Verlangen darnach, die krankhafte Unruhe darum, die Sorgen, die Dornen des irdischen Lebens, die den Samen des ewigen Lebens ersticken.[1] 3. Denn es ist nichts Großes und Erstrebenswertes, überhaupt keinen Besitz zu haben, wenn es nicht um des ewigen Lebens willen geschieht. Denn sonst müßten diejenigen, die überhaupt nichts besitzen, sondern völlig mittellos sind und sich ihren täglichen Bedarf erbetteln, die Bettler, die am Wege liegen, aber von Gott und der Gerechtigkeit Gottes nichts wissen,[2] allein deswegen, weil sie so ganz arm sind und nichts für die Fristung ihres Lebens besitzen und sogar des Allergeringsten entbehren, die glücklichsten sein, von Gott am meisten geliebt werden und allein das ewige Leben besitzen. 4. Andererseits ist es aber auch nichts Neues, daß jemand auf seinen Reichtum verzichtet und ihn den Armen oder seiner Heimatstadt[3] schenkt; dies haben schon viele getan, bevor der Heiland auf die Erde herniederkam, die einen, um Zeit für die Philosophie zu haben und der toten Weisheit zuliebe, die andern aus törichter Ruhmesliebe und aus Eitelkeit, Leute wie Anaxagoras, Demokritos, Krates.[4]

[1] Vgl. Matth. 13, 22; Mark. 4, 19; Luk. 8, 14; Sacr. Parall. 287 Holl.

[2] Vgl. Röm. 10, 3.

[3] Diog. Laert. VI 87 berichtet, daß Krates sein ganzes Vermögen seinen Mitbürgern geschenkt habe.

[4] Anaxagoras verzichtete auf sein Vermögen, um sich ganz dem Studium der Philosophie zu widmen; vgl. Diog. Laert. II 6; Demokritos verbrauchte sein großes Vermögen ganz auf seinen Forschungsreisen; vgl. ebd. IX 35. 39; über Krates vgl. die vorige Anmerkung. — Die drei Männer werden oft als Beispiele der Unabhängigkeit von äußeren Gütern genannt; vgl. z. B. Philon, De vita contempl. 14; Origenes, Geg. Celsus II 41; Hieronymus, Epist. 58, 2; 66, 8; 71, 3; Geg. Jovin. II 9; Comm. zu Ev. Matth. III Cap. 19, 28.

12, 1. Was ist es nun, was er als etwas Neues verkündigt, als etwas, das Gott allein zu eigen ist und allein Leben bewirkt, etwas, das den Früheren das Heil nicht gebracht hat? Wenn aber „die neue Schöpfung",[1] der Sohn Gottes, etwas Einzigartiges verkündet und lehrt, so kann seine Mahnung nicht das enthalten, was vor Augen liegt und was andere getan haben, sondern muß etwas anderes, etwas Größeres und Göttlicheres und Vollkommeneres bedeuten, wofür jenes nur der sinnbildliche Ausdruck war, daß man nämlich seine Seele selbst und seine Gesinnung von den darinnen vorhandenen Leidenschaften reinigen und aus seinem Herzen alles, was darin keine Stätte haben darf,[2] samt den Wurzeln ausrotten und entfernen soll. Denn dies zu lernen ist die richtige Aufgabe für die Gläubigen, dies zu lehren ist ein des Heilandes würdiger Unterricht. 2. Denn jene Männer alter Zeit verachteten zwar die äußeren Güter,[3] verließen ihren Besitz und gaben ihn hin; die Leidenschaften ihrer Seele aber haben sie vielleicht noch gesteigert. Denn sie gerieten in Übermut und Hoffart und Eitelkeit und verachteten die anderen Menschen in dem Wahn, daß sie selbst etwas getan hätten, was eigentlich über die Kraft eines Menschen geht. 3. Wie sollte also der Heiland denen, die ewiges Leben erlangen wollen, etwas empfehlen, was dem Leben, das er verheißt,[4] Schaden und Verderben bringt? 4. Denn andererseits ist auch folgendes möglich: Es kann sich einer seines Besitzes entäußern und trotzdem die Begierde und das Verlangen nach Reichtum

[1] Vgl. Kol. 1, 15; 2 Kor. 5, 17; Gal. 6, 15. Clemens verwendet hier den Ausdruck zur Bezeichnung dessen, der die neue Schöpfung bewirkt; ähnlich auch Protr. 114, 3.

[2] Der griechische Ausdruck *τὰ ἀλλότρια* ist stoischen Ursprungs und bezeichnet bei den Stoikern die äußeren Dinge und Umstände im Gegensatz zu dem, was in der Macht des Menschen liegt; vgl. z. B. Epiktet III 7, 11. 21; IV 12, 15. Ähnlich gebraucht es auch Clemens; vgl. z. B. Strom. IV 94, 3 *(ἀλλότρια ἡμεῖς φαμεν τὰ τοῦ κόσμου)*; VII 78, 3 *(τὰ ἐνταῦθα πάντα ἀλλότρια ἡγούμενος)*.

[3] Vgl. unten 15, 1. [4] Vgl. z. B. Joh. 10, 28.

festgewurzelt und wie einen Teil seines Lebens in sich tragen; und er kann auf die Möglichkeit verzichtet haben, seinen Reichtum zu verwenden, zugleich aber in seinem Mangel und in seinem Verlangen nach dem, was er verschleudert hat, doppelten Schmerz empfinden, einmal weil ihm das fehlt, was ihm helfen könnte,[1] sodann weil die Reue da ist über das, was er getan hat. 5. Denn es ist unmöglich und undenkbar, daß einer, dem es an dem fürs Leben Nötigen fehlt, nicht in seinem Denken niedergebeugt und von dem Höheren abgehalten wird, da sein Sinn immer darauf gerichtet ist, sich jenes auf irgendeine Weise oder irgendwoher zu verschaffen.

13, 1. Und um wie viel nützlicher ist das Gegenteil, daß einer nämlich selbst genügend besitzt, um nicht in Sorge um das Lebensnotwendige sein zu müssen und um anderen, bei denen es nötig ist, helfen zu können! Denn welche Möglichkeit zum Wohltun[2] bliebe noch in der Welt übrig, wenn niemand etwas besäße? 2. Wie könnte man leugnen, daß sich diese Lehre in offenem Gegensatz und Widerspruch zu vielen anderen schönen Lehren des Herrn erwiese? 3. „Macht euch Freunde mit dem ungerechten Mammon, damit sie euch, wenn er zu Ende geht, in die ewigen Zelte aufnehmen!"[3] „Erwerbt euch Schätze im Himmel, wo weder Motte noch Rost zerstört noch Diebe nachgraben!"[4] 4. Wie könnte irgendeiner einen Hungernden speisen und einen Dürstenden tränken und einen Nackten bekleiden und einen Obdachlosen aufnehmen (und er droht denen, die dies nicht tun, Feuer und die äußerste Finsternis),[5] wenn zuvor jeder selbst nichts von all diesen Dingen besitzt? 5. Indessen ist der Herr selbst zu Gaste bei den reichen Zöllnern

[1] Das Wort ὑπηρεσία bedeutet zunächst den Dienst der Matrosen, dann überhaupt jeden Dienst, jede Hilfe.

[2] Das Wort κοινωνία, ursprünglich „Gemeinschaft", dann „die Betätigung der Gemeinschaft", „Freigebigkeit", „Barmherzigkeit".

[3] Luk. 16, 9. [4] Matth. 6, 20. [5] Vgl. ebd. 25, 35—43.

Zakchaios[1] und Levi[2] und Matthaios,[3] und er befiehlt ihnen nicht, ihren Reichtum aufzugeben, sondern fordert nur die gerechte Verwendung und verbietet die ungerechte und verkündet: „Heute ist diesem Hause Heil widerfahren.“[4] 6. In solcher Weise lobt er (mit diesem Wort) die richtige Verwendung, daß er auch mit diesem Zusatz zur Wohltätigkeit auffordert, die darin besteht, daß man dem Dürstenden Trank, dem Hungernden Brot gibt, den Obdachlosen bei sich aufnimmt, den Nackten bekleidet.[5] 7. Wenn es aber nicht möglich ist, diese Bedürfnisse anders als auf Grund eigenen Besitzes zu befriedigen, und der Herr trotzdem befiehlt, auf den Besitz zu verzichten, was würde er dann anderes tun, als uns befehlen, die gleichen Dinge zu geben und nicht zu geben, zu speisen und nicht zu speisen, aufzunehmen und abzuweisen, mitzuteilen und nicht mitzuteilen, was doch ganz sinnlos wäre?

14, 1. Man darf also das Vermögen, das auch unseren Nächsten nützen kann, nicht wegwerfen; denn es ist ein Besitz (κτήματα), weil es besitzenswert ist (κτητὰ ὄντα) und heißt Vermögen (χρήματα), weil es etwas vermag (χρήσιμα ὄντα)[6] und nützt und zum Nutzen (χρῆσις) der Menschen von Gott geschaffen ist, da es ja wie ein Stoff und ein Werkzeug zu gutem Gebrauch denen vorgelegt und zur Verfügung gestellt ist, die es zu gebrauchen verstehen. 2. Wenn du das Werkzeug geschickt benützest, ist es geschickt; wenn du aber ungeschickt bist, so nimmt es an deiner Ungeschicklichkeit teil, während es selbst nichts dafür kann. 3. Ein derartiges Werkzeug

[1] Vgl. Luk. 19, 5 f. [2] Vgl. Mark. 2, 14 f.; Luk. 5, 27—29.

[3] Vgl. Matth. 9, 9 f. Während gewöhnlich angenommen wird, daß Levi an den genannten Stellen nur ein anderer Name für Matthaios sei, nimmt Clemens zwei verschiedene Personen an; ebenso Herakleon bei Clem. Strom. IV 71, 3; Origenes, Geg. Celsus I 62.

[4] Luk. 19, 9.

[5] Vgl. Matth. 25, 35—46; Is. 58, 7 (woher das Wort ἄστεγος für „obdachlos“ stammt).

[6] Vgl. Platon, Eryx. p. 401 B; Isokr. 1, 28.

ist auch der Reichtum. Kannst du ihn recht gebrauchen, so dient er dir zur Gerechtigkeit; verwendet ihn dagegen jemand unrichtig, so wird er als ein Diener der Ungerechtigkeit[1] erfunden. Denn seinem Wesen nach kann er nur dienen, nicht herrschen. 4. Man darf also dem, das von sich aus weder die Eigenschaft „gut" noch die Eigenschaft „schlecht" besitzt, keine Schuld geben, da es unschuldig ist, vielmehr nur dem, der es gut oder schlecht verwenden kann, je nachdem er wählt, und eben deshalb die Verantwortung trägt. Das ist aber der menschliche Verstand, der die Möglichkeit freier Wahl in sich trägt und bei sich selbst entscheiden kann, wie er die ihm verliehenen Gaben verwenden will. 5. Daher soll man nicht sowohl den Besitz zerstören als vielmehr die Leidenschaften der Seele, die den besseren Gebrauch des Vermögens nicht gestatten, damit der Mensch gut und wacker und dazu fähig werde, den Besitz gut anzuwenden. 6. Die Aufforderung, sich von allem, was man hat, loszusagen,[2] und alles, was man hat, zu verkaufen,[3] ist also in dem Sinn aufzufassen, daß sie von den Leidenschaften der Seele gesagt ist.

* 15, 1. Nun möchte ich auch noch folgendes sagen: Da die Leidenschaften in der Seele sind und der Reichtum außerhalb, dieser aber auch selbst als etwas Gutes anzusehen ist, wenn die Seele ihn gut anwendet, als etwas Schlechtes aber, wenn sie ihn mißbraucht, wird dann der Herr, der das, was man hat, aufzugeben befiehlt,[4] damit wohl das verbieten, nach dessen Beseitigung die Leidenschaften noch bleiben, oder nicht vielmehr das, durch dessen Beseitigung auch der Besitz nützlich wird? 2. Wer nun den weltlichen Reichtum von sich geworfen hat, der kann an Leidenschaften noch reich sein, auch wenn der Stoff (um sie zu befriedigen) nicht mehr vorhanden ist; denn die Gesinnung tut ihr Werk und bedrängt und bedrückt den Verstand und entzündet ihn

[1] Vgl. Isokr. 1, 6. [2] Vgl. Luk. 14, 33.
[3] Vgl. Matth. 19, 21; Mark. 10, 21. [4] Vgl. Anm. 2 und 3.

durch die in ihr vorhandenen Begierden; es nützt ihm also nichts, daß er arm an Besitz ist, wenn er reich ist an Leidenschaften. 3. Denn er hat nicht das von sich geworfen, was verwerflich ist, sondern das, was an und für sich weder gut noch schlecht ist;[1] und er hat sich dessen beraubt, was ihm dienen könnte, aber gerade durch den Mangel an äußeren Gütern den angeborenen Brandstoff der Bosheit in Flammen gesetzt. 4. Man muß also das Schädliche, das man hat, von sich tun, nicht das, was auch nützen kann, wenn man es richtig zu verwenden versteht.[2] 5. Das, was mit Verstand und Besonnenheit und Frömmigkeit gebraucht wird, bringt Nutzen; dagegen muß das abgetan werden, was Schaden bringt; die äußeren Güter jedoch sind es nicht, die Schaden bringen.

16, 1. So gestattet daher der Herr auch den Gebrauch der äußeren Güter, indem er nicht auf das zum Lebensunterhalt Nötige zu verzichten befiehlt, sondern auf das, was eine schlechte Verwendung davon verursacht; damit meinte er aber die Krankheiten und Leidenschaften der Seele. Der Reichtum an ihnen bringt allen, bei denen er sich findet, den Tod; ihr Verlust aber bringt Heil. Von diesem Reichtum muß man die Seele rein, das heißt arm und frei machen und darnach das Wort des Herrn hören: „Komm und folge mir nach!"[3] 2. Denn nun wird er selbst der Weg[4] für den, der reinen Herzens[5] ist; in ein unreines Herz dagegen zieht die Gnade Gottes nicht ein; unrein ist aber ein Herz, das reich an Begierden ist und schwanger geht mit vielen irdischen Lüsten. 3. Denn wer Vermögen und Gold und Silber und Häuser als Gottes Gaben besitzt und Gott, der es gegeben hat, damit zum Wohl der Menschen dient und sich dessen bewußt

[1] Clemens verwendet hier den stoischen Ausdruck ἀδιάφορα, womit die für unser wirkliches Wohl gleichgültigen Dinge bezeichnet werden; vgl. die verschiedenen Erklärungen des Begriffes bei I. ab Arnim, Stoic. vet. fr. III S. 28 ff.

[2] Vgl. Paid. III 35, 1. [3] Mark. 10, 21. [4] Vgl. Joh. 14, 6. [5] Vgl. Matth. 5, 8.

ist, daß er all dieses mehr seiner Brüder als seiner selbst wegen besitzt, und Herr seines Vermögens, nicht ein Sklave seines Besitzes ist und ihn nicht in seinem Herzen trägt und ihn nicht zum Ziel und Inhalt seines Lebens macht, sondern immer auch ein edles und göttliches Werk zu vollbringen sucht und fähig ist, wenn er einmal seiner Güter beraubt werden sollte, auch ihren Verlust mit Gemütsruhe zu ertragen ebenso wie den Überfluß an ihnen: wer alle diese Eigenschaften hat, der wird von dem Herrn selig gepriesen und arm im Geiste genannt, würdig, ein Erbe des Himmelreiches zu werden,[1] nicht ein Reicher, der das (ewige) Leben nicht gewinnen kann.

17, 1. Wer aber den Reichtum in seiner Seele trägt und statt des göttlichen Geistes in seinem Herzen Gold oder Grundbesitz hat und immer darnach trachtet, seinen Besitz unendlich groß zu machen, und, nach unten blickend und durch die Fangstricke der Welt gefesselt, immer nach mehr trachtet, als einer, der von Erde ist und zu Erde werden wird,[2] wie kann ein solcher nach dem Himmelreich verlangen und seinen Sinn darauf richten, ein Mensch, der nicht ein Herz, sondern einen Acker oder ein Bergwerk in sich trägt und notwendigerweise in dem erfunden werden wird, was er sich gewählt hat?[3] „Denn wo der Sinn des Menschen ist, da ist auch sein Schatz."[4] 2. Der Herr kennt aber zweierlei Art von Schatz, einen guten Schatz, denn „der gute Mensch bringt aus dem guten Schatz seines Herzens das Gute hervor", und einen schlechten Schatz, denn „der schlechte Mensch bringt aus dem schlechten Schatz das Schlechte hervor, denn aus dem Überfluß des Herzens

[1] Vgl. Matth. 5, 3. [2] Vgl. Gen. 3, 19.

[3] Daß mit diesem Satz auf ein nicht in den Evangelien überliefertes Wort des Herrn angespielt ist, zeigt die Stelle unten 40, 2; vgl. auch Strom. VII 10, 1 und Resch, Agrapha, 2. Aufl. S. 102 Nr. 76; Ropes, Sprüche Jesu S. 137 ff.

[4] Matth. 6, 21; Luk. 12, 34; die gleiche Umstellung der beiden Satzhälften gegenüber dem neutestamentlichen Text findet sich auch Strom. VII 77, 6.

redet der Mund".[1] 3. Wie es nun bei ihm und auch bei uns nicht nur einen einzigen Schatz gibt, nämlich nicht nur den, der beim Auffinden einen unerwarteten großen Gewinn bringt,[2] sondern auch noch einen zweiten, der keinen Gewinn bringt, der nicht erstrebenswert ist, dessen Erwerb vielmehr Schaden und Nachteil bringt, so gibt es auch einen Reichtum an Gutem und einen an Schlechtem, da wir ja wissen, daß die Begriffe Schatz und Reichtum ihrem Wesen nach nicht voneinander zu trennen sind. 4. Und der eine Reichtum ist es wert, daß man sich ihn erwirbt und zu eigen macht; der andere ist nicht erstrebenswert, sondern verwerflich. Auf die gleiche Weise ist auch die eine Art Armut selig zu preisen, nämlich die geistliche. 5. Deshalb fügt Matthaios auch hinzu: „Selig sind die Armen", woran?, „am Geiste",[3] und wiederum: „Selig sind, die da hungern und dürsten nach der Gerechtigkeit Gottes!"[4] Also sind unglücklich die Armen entgegengesetzter Art, die keinen Anteil an Gott und noch weniger einen Anteil an irdischem Besitz haben und die Gerechtigkeit Gottes nicht geschmeckt haben.

18, 1. Daher muß man die Bezeichnung „die Reichen" richtig auffassen, von denen es heißt, daß sie schwer in das Himmelreich kommen werden,[5] nicht ungeschickt oder plump oder fleischlich; denn so ist es nicht gesagt. Auch beruht das Heil nicht auf den äußeren Dingen, nicht darauf, ob diese viel oder wenig, klein oder groß, ruhmvoll oder unrühmlich, angesehen oder unangesehen sind; vielmehr beruht es auf den Tugenden der Seele, Glaube, Hoffnung, Liebe,[6] Güte, Erkenntnis, Sanftmut, Demut, Wahrheit: ihr Siegespreis ist das Heil. 2. Denn auch wegen leiblicher Schönheit wird keiner das (ewige) Leben gewinnen oder umgekehrt verlieren; vielmehr wird derjenige (ewiges) Leben haben, der den ihm verliehenen

[1] Vgl. Luk. 6, 45; Matth. 12, 35. 34. [2] Vgl. Matth. 13, 44.
[3] Matth. 5, 3. [4] Ebd. 5, 6. [5] Vgl. Mark. 10, 23.
[6] Vgl. 1 Kor. 13, 13.

Leib heilig und gottwohlgefällig gebraucht; wer aber den Tempel Gottes verdirbt, wird selbst verderben.[1] 3. Es kann aber sowohl ein Häßlicher zuchtlos sein als auch einer bei aller Schönheit Zucht halten; und nicht Stärke und Größe des Körpers bringt das Leben und ebenso wenig die Schwäche der Glieder den Tod; vielmehr gibt die Seele durch die Weise, wie sie beides gebraucht, die Veranlassung zu Leben und Tod. 4. Ertrage es, so heißt es, wenn dich einer ins Angesicht schlägt;[2] ein Gebot, das ebenso ein Starker und Kräftiger befolgen als andererseits ein Schwacher, der seine Gesinnung nicht beherrscht, übertreten kann. 5. So kann auch ein Mittelloser, dem es am Nötigsten zum Leben fehlt, als berauscht von seinen Leidenschaften erfunden werden, und einer, der an Schätzen reich ist, als nüchtern und arm an Lüsten, gläubig, verständig, rein, zuchtvoll. 6. Wenn aber das, was das Leben gewinnen soll, am meisten und in erster Linie die Seele ist, und die Tugend, die in ihr heranwächst, das Heil bringt, während das Laster den Tod zur Folge hat, so ist es nun ganz klar, daß sie gerettet wird, wenn sie arm an dem ist, durch dessen Reichtum man verlorengeht, und dagegen umkommt, wenn sie an dem reich ist, dessen Reichtum Verderben bringt. 7. Und wir wollen die Ursache für die Entscheidung nirgends mehr sonst suchen als in der Beschaffenheit der Seele und darin, wie es sich bei ihr mit dem Gehorsam gegen Gott und der Reinheit, mit der Übertretung der Gebote und der Häufung der Sünden verhält.

* 19, 1. Denn der in Wahrheit und in gutem Sinn Reiche ist der Mensch, der an Tugenden reich ist und sich in jeder Schicksalslage fromm und gläubig zu verhalten weiß; der in falschem Sinne Reiche ist dagegen der Mensch, der nach dem Fleische reich ist und das Leben in den äußeren Besitz verlegt, der vergeht und zunichte wird und bald diesem, bald jenem gehört und zuletzt

[1] Vgl. 1 Kor. 3, 17. [2] Vgl. Matth. 5, 39; Luk. 6, 29.

überhaupt niemand. 2. Umgekehrt gibt es wieder in der gleichen Weise einen echten Armen und einen anderen, den unechten Armen, der mit Unrecht diesen Namen trägt; der eine ist nach dem Geiste, also an dem Eigenen, arm, der andere nach der Welt, also an dem, was ihm nicht gehört. 3. Zu dem, der nach der Welt nicht arm und an Begierden reich ist, sagt der, der am Geist arm[1] und an Gott reich ist: Gib den fremden Besitz, der in deiner Seele ist, auf,[2] damit du reinen Herzens werdest und Gott schauest,[3] was mit anderen Worten ausgedrückt, aber dem Sinn nach das gleiche ist wie in das Himmelreich kommen. 4. Und wie kannst du ihn aufgeben? Dadurch, daß du ihn verkaufst. Wieso? Solltest du statt des Besitzes Geld nehmen? Sollst du Reichtum gegen Reichtum vertauschen, indem du den sichtbaren Besitz zu Geld machst? 5. Keineswegs! Vielmehr, indem du an Stelle dessen, was zuvor in deiner Seele war, die du zu retten wünschest, einen anderen Reichtum in sie aufnimmst, der zu göttlichem Wesen macht und ewiges Leben schenkt, eine den Geboten Gottes entsprechende Gesinnung, für die dir Lohn und Ehre, unvergängliches Heil und ewige Unsterblichkeit zuteil werden wird. 6. In dieser Weise befolgst du richtig den Befehl: „Verkaufe, was du hast", nämlich das Viele und Überflüssige, was dir den Himmel verschließt, wobei du an seiner Stelle das eintauschest, was dich selig machen kann. Jenes * mögen die fleischlich Armen bekommen, die es nötig haben; du aber empfange dafür den geistigen Reichtum; „dann wirst du einen Schatz im Himmel haben".[4]

[1] Das Wörtchen *οὐ* vor *πτωχός* wird mit Segaar zu tilgen sein; darnach ist übersetzt. Auf diese Weise gewinnt man den Sinn, daß der unechte Arme zugleich der unechte Reiche und umgekehrt der echte Arme zugleich der echte Reiche ist.

[2] Gegen diese Erklärung ist von Clemens selbst Strom. IV 29, 1 eingewendet, daß dabei die Worte „und gib es den Armen" nicht erklärt werden können.

[3] Vgl. Matth. 5, 8. [4] Vgl. ebd. 19, 21; Mark. 10, 21.

20, 1. Der reiche und gesetzestreue Mann verstand diese Worte nicht richtig, noch verstand er, wie man zugleich arm und reich sein kann und Schätze haben und nicht haben und die Welt genießen und nicht genießen;[1] darum ging er betrübt und niedergeschlagen hinweg,[2] verließ den ihm anvertrauten Posten auf dem Wege zum Leben, das er nur ersehnen, aber nicht auch erlangen konnte, und machte das Schwierige selbst für sich unmöglich.[3] 2. Denn schwierig war es, die Seele von dem mit dem sichtbaren Reichtum verbundenen üppigen und glänzenden Zauber nicht gefangennehmen und blenden zu lassen, aber nicht unmöglich, auch trotz des Reichtums das Heil zu ergreifen, wenn man sich von dem mit den Sinnen wahrnehmbaren Reichtum zu dem geistigen und von Gott geoffenbarten Reichtum kehrt und es lernt, die gleichgültigen Dinge[4] richtig und entsprechend zu verwenden und wie einer, der den Weg zum ewigen Leben eingeschlagen hat. 3. Auch die Jünger selbst gerieten zuerst in Furcht und Schrecken,[5] als sie das Wort des Herrn hörten. Warum denn?[6] Etwa weil auch sie viele Schätze besaßen? Aber sie hatten sogar jene armseligen Netze und Angelhaken und die Ruderschiffchen längst im Stiche gelassen, all das, was ihr einziger Besitz war. Warum also sagen sie voll Furcht: „Wer kann gerettet werden?"[7] 4. Sie haben richtig, und wie es sich für die Jünger geziemte, das verstanden, was der Herr in bildlicher und dunkler Weise gesagt hatte, und hatten die Tiefe seiner Worte erfaßt. 5. Soweit es sich um Freiheit von weltlichem Besitz handelte, konnten sie hinsichtlich der Erlösung guter Zuversicht sein. Aber sie waren sich be-

[1] Vgl. 1 Kor. 7, 29—31. [2] Vgl. Mark. 10, 22.

[3] Vgl. ebd. 10, 23. 27.

[4] Auch hier ist von den ἀδιάφορα die Rede; vgl. oben 15,3 Anmerkung 1.

[5] Vgl. Mark. 10, 26.

[6] Die Interpunktion des Textes ist zu ändern: der Punkt ist nicht vor, sondern nach ἀκούσαντες zu setzen.

[7] Mark. 10, 26.

wußt, daß sie die Begierden noch nicht ganz abgelegt hatten (sie waren ja erst vor kurzem Jünger geworden und erst vor kurzem vom Herrn für seinen Dienst angeworben worden); deshalb „erschraken sie sehr"[1] und gaben die Hoffnung auf ihre Rettung auf, nicht weniger als jener Reiche, der sich so fest an seinen Besitz klammerte, daß er ihn dem ewigen Leben vorzog. 6. Die Jünger hatten also in der Tat genug Anlaß zur Furcht, wenn in gleicher Weise der Besitzer des Reichtums und derjenige, der Begierden in sich trägt, an denen auch sie reich waren, vom Himmelreich ausgeschlossen werden sollen; denn nur Seelen, die frei von Begierden und rein sind, erlangen das Heil.[2]

21, 1. Der Herr aber antwortet: „Das bei Menschen Unmögliche ist Gott möglich."[3] Wiederum ist auch dieses Wort voll großer Weisheit, weil der Mensch, der sich für sich bemüht und die Freiheit von Begierden zu erlangen strebt, nichts ausrichtet; wenn er aber offenbar gar sehr darnach strebt und sich alle Mühe gibt, so erringt er den Sieg dadurch, daß ihm Gottes Kraft zu Hilfe kommt. 2.[4] Denn wenn die Seelen ihren Willen zeigen, dann steht ihnen Gott mit seinem Geist bei; wenn sie aber in ihrem Eifer nachlassen, dann wird ihnen auch der von Gott gegebene Geist entzogen; denn jemand wider seinen Willen zu retten, ist Gewalt, jemand, der es sich wünscht, ist Gnade. 3. Aber auch den Schlafenden und Trägen wird das Reich Gottes nicht zuteil, sondern „die Gewalttätigen reißen es an sich".[5] Denn das ist die einzige schöne Gewalttat, Gott zu überwältigen und von Gott Leben zu rauben; er aber kennt die, die mit Gewalt oder vielmehr mit Stetigkeit[6] darnach trachten, und läßt sich bewegen; denn Gott freut sich, hierin überwunden

[1] Mark. 10, 26.
[2] Sacr. Par. 288 Holl; Antonius Melissa p. 150 Gesner.
[3] Mark. 10, 27. [4] 21, 2. 3 ist Sacr. Par. 289. 290. 291.
[5] Matth. 11, 12.
[6] Clemens verwendet hier ein Wortspiel: *βιαίως, μᾶλλον δὲ βεβαίως.*

zu werden. 4. Als daher der selige Petrus, der Auserwählte, der Erlesene, der Erste unter den Jüngern, für den allein außer für sich selbst der Herr die Steuer zahlte,[1] dieses Wort gehört hatte, da erfaßte er es rasch und verstand es. 5. Und was sagt er? „Siehe, wir haben alles verlassen und sind dir nachgefolgt."[2] Wenn er mit dem Worte „alles" seinen Besitz meint, so rühmt er sich dessen, daß er vielleicht vier Obolen,[3] wie es sprichwörtlich heißt, aufgegeben habe, und bezeichnet unbewußt als Entgelt dafür das Himmelreich. 6. Wenn sie aber, wie wir soeben sagten, den alten geistigen Besitz und die Krankheiten der Seele von sich warfen und den Fußspuren des Meisters folgten, so würde dies denen als Pflicht auferlegt werden, die im Himmel eingeschrieben werden wollen.[4] 7. Denn das heißt in Wahrheit dem Herrn nachfolgen, wenn man seine Sündlosigkeit und Vollkommenheit erstrebt und nach seinem Vorbild gleich wie nach einem Spiegel seine Seele schmückt und formt und alles durchweg in gleicher Weise gestaltet.

22, 1. „Jesus aber antwortete: Wahrlich, ich sage euch: Wer das Seinige und Eltern und Brüder und Besitz meinet- und des Evangeliums wegen verläßt, wird Hundertfältiges erhalten."[5] 2. Aber auch dieses Wort beunruhige uns nicht und ebensowenig das noch schroffere, an einer anderen Stelle gesprochene Wort, das so lautet: „Wer nicht haßt Vater und Mutter und Kinder, dazu auch sein eigenes Leben, kann nicht mein Jünger sein."[6] 3. Denn der Gott des Friedens, der auch die Feinde zu lieben gebietet,[7] kann nicht Haß gegen diejenigen, die uns die Liebsten sind, und Trennung von ihnen fordern.

[1] Vgl. Matth. 17, 27. [2] Mark. 10, 28.

* [3] Die sprichwörtliche Redensart von vier Obolen (ein Obolos ist der 6. Teil einer Drachme, etwa 13 Pfennig) findet sich auch in einem bei Pollux, Onomast. VII 133 erhaltenen Vers des Aristophanes (Fr. 300 Kock) und bei Suidas s. v. *τεττάρων ὀβολῶν*.

[4] Vgl. Luk. 10, 20; Hebr. 12, 23. [5] Mark. 10, 29 f.

[6] Luk. 14, 26. [7] Vgl. Matth. 5, 44; Luk. 6, 27. 35.

4. Wenn man die Feinde lieben muß, so muß man dementsprechend, indem man vom Kleineren zum Größeren aufsteigt, auch die nächsten Verwandten lieben; oder wenn man die Blutsverwandten hassen muß, so lehrt der Schluß, der vom Größeren auf das Kleinere herabsteigt, daß man noch viel mehr seine Feinde von sich stoßen muß. Somit wäre bewiesen, daß sich die beiden Worte gegenseitig aufhöben. 5. Aber sie heben sich nicht auf, weit entfernt. Denn mit der gleichen Gesinnung und Geistesrichtung und in der gleichen Absicht haßt den Vater und liebt den Feind, wer sich weder an einem Feinde rächt noch seinen Vater mehr ehrt als Christus. 6. Denn mit jenem Wort verwirft er Haß und Übeltat, mit diesem aber die Rücksicht auf die Verwandten, wenn sie dem Heile im Wege steht. 7. Wenn jemand einen gottlosen Vater oder Sohn oder Bruder hat, der ein Hindernis für seinen Glauben ist und seinem höheren Leben im Wege steht, so soll er mit ihm keine Gemeinschaft haben und nicht eines Sinnes mit ihm sein, sondern die fleischliche Verwandtschaft wegen der geistlichen Feindschaft aufgeben.

23, 1. Stelle dir die Sache wie einen Rechtsstreit vor! Denke dir, daß dein Vater neben dir stehe und sage: „Ich habe dich erzeugt und aufgezogen, folge mir und tu mit mir Unrecht und gehorche nicht dem Gesetz Christi!“ und was sonst ein Mensch sagen mag, der Gott lästert und von Natur tot[1] ist. 2. Von der anderen Seite aber höre den Heiland: „Ich habe dich wiedergeboren,[2] da du von der Welt unseligerweise zum Tode geboren warst; ich habe dich befreit, geheilt, erlöst; ich werde dir unvergängliches, ewiges, überweltliches Leben schenken;[3] ich werde dir das Antlitz Gottes, des guten Vaters, zeigen.[4] Nenne niemand auf Erden deinen Vater![5] Die Toten sollen die Toten begraben, du aber folge mir

[1] Von dem griechischen Ausdruck νεκρὸς τῇ φύσει stammt νεκρὸς aus Eph. 2, 1, φύσει aus Eph. 2, 3.
[2] Vgl. 1 Petr. 1, 3. [3] Vgl. Joh. 10, 28. [4] Vgl. ebd. 14, 8 f.
[5] Vgl. Matth. 23, 9.

nach![1] 3. Denn ich werde dich zur Ruhe und zum Genuß unaussprechlicher[2] und unbeschreiblicher Güter emporführen,[3] die weder ein Auge gesehen noch ein Ohr gehört hat und die in keines Menschen Herz gekommen sind, Güter, in die die Engel einen Blick zu tun verlangen, um zu sehen, welche Güter Gott den Heiligen und den Kindern, die ihn lieben, bereitet hat.[4] 4. Ich bin dein Ernährer, da ich mich selbst als Brot gebe (und wer davon ißt, erleidet den Tod nicht mehr) und mich täglich als Trank der Unsterblichkeit darbiete;[5] ich bin Lehrer überhimmlischer Weisheit; für dich habe ich den Kampf gegen den Tod durchgeführt und für dich den Tod erlitten, den du durch deine früheren Sünden und deinen Unglauben gegen Gott verdientest." 5. Wenn du diese Reden von den beiden Seiten gehört hast, so fälle die Entscheidung über dich und gib deine Stimme für dein Heil ab! Und wenn dein Bruder Ähnliches sagt oder dein Kind oder dein Weib oder überhaupt irgend jemand, so soll mehr als alle Christus in dir Sieger sein; denn für dich kämpft er.

24, 1. Kannst du auch Herr über deinen Besitz sein? Sag es, und Christus beraubt dich deines Besitzes nicht, der Herr mißgönnt ihn dir nicht. Aber du siehst, daß du von deinem Geld besiegt und überwältigt wirst? Laß es fahren, wirf es fort, hasse es, kehre dich von ihm ab, fliehe! 2. „Und wenn dich dein rechtes Auge ärgert, reiße es schnell heraus!" Es ist besser, einäugig das Reich Gottes als unversehrt das Feuer zu erlangen. Und wenn eine Hand oder ein Fuß (dich ärgert) oder dein Leben,

[1] Vgl. Matth. 8, 22; Luk. 9, 60. [2] Vgl. 2 Kor. 12, 4.
[3] Vgl. Matth. 11, 28 f.
[4] Das Zitat ist eine Verbindung von 1 Kor. 2, 9 und 1 Petr. 1, 12, die sich auch an anderen Stellen findet; vgl. Exc. ex Theod. 86, 3; Harnack, Geschichte der altchristl. Lit. I S. 853; Ropes, Sprüche Jesu S. 50 f.
[5] Vgl. Joh. 6, 50 f.

hasse es![1] Denn wenn es hier Christus zuliebe verloren geht, wird es dort gerettet werden.[2]

25, 1. Mit diesen Gedanken stimmt in gleicher Weise auch das folgende überein: „Jetzt aber in dieser Zeit Äcker und Geld und Häuser und Brüder unter Verfolgungen zu haben, wozu soll das nütze sein?"[3] 2. Denn er ruft nicht Besitz- und Obdachlose und solche, die keine Brüder haben, zum ewigen Leben, da er ja auch Reiche berufen hat (aber in der Weise, von der wir früher sprachen),[4] und ebenso auch Brüderpaare wie den Petrus mit Andreas und den Jakobus mit Johannes, die Söhne des Zebedaios,[5] die aber unter sich und mit Christus eines Sinnes waren. 3. Aber all dies einzelne „unter Verfolgungen" zu haben, verwirft er. Es gibt aber zwei Arten von Verfolgung: Die eine kommt von außen, wenn die Menschen aus Feindschaft oder Neid oder Gewinnsucht oder unter dem Einfluß des Teufels die Gläubigen verfolgen. 4. Die schlimmste Verfolgung aber ist im Innern; sie kommt für jeden aus der Seele selbst, wenn sie von gottlosen Begierden und mannigfachen Lüsten und bösen Erwartungen und schädlichen Traumgebilden verderbt wird, wenn sie immer nach mehr verlangt und von wilden Lüsten in Raserei[6] und Glut versetzt ist und von den in ihr wohnenden Leidenschaften wie von Stacheln oder Sporen bis aufs Blut mißhandelt und zu wahnwitzigen Bestrebungen und zur Verzweiflung am ewigen Leben und zur Verachtung Gottes gehetzt wird. 5. Das ist die härtere und schlimmere Verfolgung, da sie von innen kommt und immer da ist und der Verfolgte ihr nicht entrinnen kann; denn er trägt den Feind überall in sich mit herum.[7] 6. So bewirkt auch die von außen kommende

[1] Vgl. Matth. 5, 29 f.; Mark. 9, 43. 45. 47; Luk. 14, 26.
[2] Vgl. Mark. 8, 35 (Matth. 10, 39; 16, 25; Luk. 17, 33).
[3] Mark. 10, 30; vgl. oben 4, 10 mit Anm.
[4] Vgl. oben 13, 5. [5] Vgl. Matth. 4, 18—22 und Parallelen.
[6] Vgl. Platon, Phaid. p. 81 A; Staat I p. 329 C.
[7] Vgl. Platon, Soph. p. 252 C.

Glut Bewährung,[1] die aber von innen kommende bringt den Tod. Und der von außen herangetragene Krieg wird leicht beendet, der in der Seele aber dauert fort bis zum Tode. 7. Wenn du mit einer solchen Verfolgung den sichtbaren Reichtum besitzest oder die leiblichen Brüder oder die anderen Pfänder der Liebe hast, so verlaß all diesen zum Unheil führenden Besitz! Gönne dir selbst den Frieden, befreie dich von langer Verfolgung, kehre dich von jenem Besitz ab zum Evangelium, ziehe allem andern den Heiland vor, den Verteidiger und Tröster deiner Seele, den Fürsten des ewigen Lebens! 8. „Denn das Sichtbare ist vergänglich; das Unsichtbare aber ist ewig."[2] Und in der Gegenwart ist das vorhanden, was schnell stirbt und unbeständig ist, „in der kommenden Zeit aber ist ewiges Leben".[3]

26, 1. „Die ersten werden die letzten und die letzten werden die ersten sein."[4] Dieses Wort ist seinem geheimen Sinn und seiner Erklärung nach vieldeutig; in dem gegenwärtigen Augenblick ist die nähere Untersuchung nicht nötig. Denn es bezieht sich nicht nur auf die Wohlhabenden, sondern ohne Ausnahme auf alle Menschen, die sich einmal dem Glauben hingegeben haben. Daher soll es für diesmal auf sich beruhen. 2. Was aber den Gegenstand unserer Untersuchung betrifft, so glaube ich ganz unserem Versprechen gemäß gezeigt zu haben, daß der Heiland die Reichen in keiner Weise wegen des Reichtums selbst und wegen der Umkleidung mit Besitz ausgeschlossen oder ihnen das Heil versperrt hat, wenn sie nur fähig und willig sind, sich den Geboten Gottes zu unterwerfen, und wenn sie ihr eigenes Leben höher achten als die zeitlichen Güter und unverwandten Blickes auf den Herrn schauen, wie man auf den Wink eines guten Steuermanns blickt, um zu sehen, was er will, was er befiehlt, welches Zeichen, welches verabredete Signal er seinen Matrosen gibt, wo und auf wel-

[1] Vgl. 1 Kor. 3, 13; Röm. 5, 4; 1 Petr. 4, 12.
[2] 2 Kor. 4, 18. [3] Mark. 10, 30. [4] Ebd. 10, 31.

cher Seite er den Ankerplatz bestimmt. 3. Denn welches Unrecht begeht einer, wenn er durch Aufmerksamkeit und Sparsamkeit vor seiner Bekehrung hinreichende Mittel für seinen Lebensunterhalt sammelte? Oder wenn er, was noch weniger Vorwürfe verdient, von Gott, der jedem das Leben[1] zuteilt, sofort in das Haus solcher Leute und in eine reiche Familie, die mit Glücksgütern gesegnet[2] und durch ihren Reichtum hervorragend ist, versetzt wurde? 4. Denn wenn er wegen der Geburt im Reichtum, die ohne seinen Willen geschah, vom Leben ausgeschlossen ist, so (tut er nicht Unrecht, sondern) erleidet er vielmehr von Gott, der ihm das Leben gab, Unrecht, insofern er zwar zeitlichen Wohllebens gewürdigt, aber des ewigen Lebens beraubt wurde. 5. Und wozu mußte überhaupt Reichtum aus der Erde emporsprossen, wenn er Spender und Verwalter des Todes ist? 6. Wenn es aber jemand fertig bringt, die durch den Besitz gegebenen Möglichkeiten nicht voll auszunützen und in seinen Gedanken maßvoll und verständig zu sein und nur Gott zu suchen und Gottes Geist zu atmen und in Gottes Gemeinschaft zu wandeln, so steht er den Geboten gegenüber als Armer da, frei, unbesiegt, gesund, vom Besitz unverwundet. 7. Ist das aber nicht der Fall, so wird ein Kamel leichter durch ein Nadelöhr gehen, als daß ein solcher Reicher in das Reich Gottes gelangt.[3] 8. Das Kamel, das auf einem engen und schmalen Pfade dem Reichen zuvorkommt, soll noch eine höhere Bedeutung haben;[4] dieses Geheimnis des Herrn kann man in der Erklärung der Grundursachen und der Theologie[5] kennen lernen.

[1] Ich übersetze das überlieferte, von Tengblad verteidigte *ψυχήν*.

[2] Nach *ἀμφιλαφές* ist Komma zu setzen, *ἰσχῦον* ist nicht zu tilgen.

[3] Vgl. Mark. 10, 25.

[4] Vgl. Origenes, Gegen Celsus VI 16.

[5] Vgl. die Einleitung 1. Band S. 40.

27, 1. Indessen soll wenigstens dargelegt werden, was das Gleichnis zunächst zeigt und weshalb es der Herr gebraucht hat. Es soll die Vermöglichen lehren, daß sie die Sorge für ihr Heil nicht aufgeben dürfen, als wären sie bereits im voraus verurteilt, und daß sie andererseits den Reichtum nicht ins Meer werfen[1] und als einen heimtückischen Feind des Lebens verurteilen dürfen, sondern daß sie vielmehr lernen müssen, in welcher Weise und wie sie den Reichtum zu gebrauchen und das Leben zu erwerben haben. 2. Denn da ein Mensch weder unbedingt zugrunde geht, wenn er es wegen seines Reichtums fürchtet, noch unbedingt gerettet wird, wenn er zuversichtlich an seine Rettung glaubt, so wollen wir sehen, welche Hoffnung der Heiland ihnen vorzeichnet und auf welche Weise das, was sie nicht hofften, ihnen verbürgt wird, und das, was sie hoffen, zu ihrem Besitz werden kann.

3. Es sagt also der Meister, als er gefragt wurde, welches das größte Gebot sei: „Du sollst lieben den Herrn deinen Gott von ganzem Herzen und aus deinem ganzen Vermögen!" Dieses sei das größte Gebot;[2] daß er so sprach, ist wohl berechtigt. 4. Denn dieses Gebot bezieht sich auf das Erste und Größte, auf Gott unseren Vater selbst, durch den alles geworden ist und besteht und zu dem das, was gerettet wird, wieder zurückkehrt.[3] 5. Da wir von diesem zuvor geliebt wurden[4] und unser Leben empfingen, wäre es nicht recht, irgend etwas mehr zu achten und zu ehren; vielmehr müssen wir ihm diesen kleinen Dank für die größten Wohltaten erweisen, da wir für den bedürfnislosen und vollkommenen Gott nichts anderes als Dank ersinnen können, uns selbst aber Unvergänglichkeit eben dadurch erwerben, daß wir nach der uns eigenen Kraft und nach unserem Vermögen den Vater lieben. Denn so viel einer Gott liebt, desto mehr dringt er auch in Gott ein.

[1] Diog. Laert. VI 87 erzählt, Krates habe sein Geld ins Meer geworfen.
[2] Mark. 12, 30. [3] Vgl. Röm. 11, 36. [4] Vgl. 1 Joh. 4, 19.

28, 1. Als zweites Gebot der Reihe nach, das um nichts geringer sei als jenes, nennt er dieses: „Du sollst lieben deinen Nächsten wie dich selbst!"[1] Demnach mußt du Gott mehr als dich selbst lieben. 2. Und als jener, der sich mit ihm unterredete, fragte: „Wer ist der Nächste?",[2] begrenzte er den Sinn des Wortes „Nächster"[3] nicht in der Weise der Juden auf den Blutsverwandten oder den Mitbürger oder den Proselyten (den vom Heidentum zum Judentum Übergetretenen) oder den in gleicher Weise Beschnittenen oder auf den, der nach dem gleichen Gesetz lebt. 3.[4] Vielmehr läßt er in seiner Erzählung einen Mann von Jerusalem hinab nach Jericho gehen und zeigt, wie dieser von Räubern niedergestochen und halbtot auf den Weg hingeworfen wurde, wie dann ein Priester vorüberging und ein Levit sich nichts um ihn kümmerte, wie sich dagegen der verachtete und ausgestoßene Samariter seiner erbarmte. Dieser ging nicht zufällig[5] vorüber wie die anderen, sondern kam gut mit allem versehen, was der Gefährdete brauchte, mit Wein, Öl, Binden, einem Reittier und mit Geld, um den Wirt der Herberge zu bezahlen, wovon er ihm einen Teil sofort gab, einen anderen noch für später versprach. 4. „Wer von diesen Männern", so sagt er, „ist der Nächste für den gewesen, dem es so schlimm ergangen war?" Und als jener antwortete: „Der Mann, der ihm die Barmherzigkeit erwies", sagte er: „So gehe auch du hin und handle ebenso!" Damit will er sagen, daß aus der Liebe das Wohltun erwächst.

29, 1. In beiden Geboten also spricht er von der Liebe; dem Rang nach aber hat er bei ihr einen Unterschied gemacht, indem er an der einen Stelle die erste Erweisung

[1] Luk. 10, 27. [2] Ebd. 10, 29.

[3] Ich schiebe mit Tengblad vor *οὐ τὸν αὐτὸν τρόπον* das Wort *πλησίον* ein.

[4] Zum folgenden vgl. Luk. 10, 30—37.

[5] Luk. 10, 31 heißt es von dem Priester, daß er „zufällig" den Weg hinabging; Clemens verwendet aber hier einen anderen griechischen Ausdruck als Lukas.

von Liebe Gott zukommen läßt, an der anderen Stelle dagegen die zweite dem Nächsten zugeteilt haben will.[1] 2. Wer sonst sollte aber dieser Nächste sein als der Heiland selbst?[2] Oder wer hat sich mehr als er unser erbarmt, die wir von „den Weltherrschern der Finsternis"[3] durch die vielen Wunden fast getötet waren, durch die Anfälle von Furcht, Begierde, Zorn, Schmerz, Betrug, Lust?[4] 3. Für alle diese Wunden ist der einzige Arzt Jesus, der die Leidenschaften ganz und gar mit der Wurzel ausschneidet und nicht wie das Gesetz nur ihre Wirkungen, die Früchte der schlechten Pflanzen, beseitigt, sondern vielmehr seine Axt an die Wurzeln der Bosheit anlegt.[5] 4. Dieser ist es, der den Wein, das Blut des Weinstocks Davids,[6] auf unsere verwundeten Seelen goß; dieser ist es, der das Öl, das aus dem Herzen des Vaters emporquellende Erbarmen,[7] herbeibrachte und freigebig über uns ausströmen ließ; dieser ist es, der die unlösbaren Binden der Gesundheit und Heilung aufzeigte, Liebe, Glaube, Hoffnung;[8] dieser ist es, der den Engeln und Mächten und Gewalten uns gegen großen Lohn zu dienen befahl,[9] da ja auch sie von der Eitelkeit der Welt bei der Enthüllung der Herrlichkeit der Söhne Gottes werden befreit werden.[10] 5. Diesen also müssen wir in gleicher Weise wie Gott lieben.[11] Die Liebe zu Christus Jesus aber bewährt, wer seinen Willen tut und seine Gebote hält.[12] 6. „Nicht jeder, der zu mir sagt: Herr, Herr,

[1] Vgl. Luk. 10, 27.
[2] Die allegorische Deutung des barmherzigen Samariters auf den Heiland findet sich auch sonst in der alten Kirche.
[3] Vgl. Eph. 6, 12.
[4] Zu der stoischen Aufzählung der Leidenschaften vgl. Paid. I 101, 1 mit Anm. und unten 40, 5.
[5] Vgl. Matth. 3, 10; Luk. 3, 9; ähnlich auch Paid. II 51, 2.
[6] Vgl. Apostellehre 9, 2.
[7] Das gleiche Wortspiel mit den Wörtern für Öl (*ἔλαιον*) und Erbarmen (*ἔλεος*) findet sich auch Paid. II 62, 3.
[8] Vgl. 1 Kor. 13, 13. [9] Vgl. Hebr. 1, 14; Eph. 3, 10.
[10] Vgl. Röm. 8, 19—21. [11] Vgl. Luk. 10, 27.
[12] Vgl. Joh. 14, 15. 23.

wird in das Himmelreich hineinkommen, sondern wer den Willen meines Vaters tut."[1] Und: „Warum nennt ihr mich: Herr, Herr und tut nicht, was ich sage?"[2] Und: „Selig seid ihr, die ihr seht und hört, was weder Gerechte noch Propheten gesehen und gehört haben,"[3] wenn ihr tut, was ich sage![4]

30, 1. An erster Stelle also steht der, der Christus liebt, und an zweiter Stelle, wer diejenigen ehrt und versorgt, die zum Glauben an jenen gekommen sind. Denn was einer an einem Jünger tut, das nimmt der Herr als für ihn selbst getan auf und bezieht es ganz auf sich. 2. „Kommt her, ihr Gesegneten meines Vaters, empfangt als euer Erbe das Reich, das für euch seit der Grundlegung der Welt bereitet ist! Denn ich bin hungrig gewesen, und ihr habt mir zu essen gegeben; ich bin durstig gewesen, und ihr habt mir zu trinken gegeben; ich bin ein Fremdling gewesen, und ihr habt mich aufgenommen; ich bin ohne Kleidung gewesen, und ihr habt mich bekleidet; ich bin krank gewesen, und ihr habt mich besucht; ich bin im Gefängnis gewesen, und ihr seid zu mir gekommen. 3. Dann werden ihm die Gerechten antworten und sagen: Herr, wann haben wir dich hungrig gesehen und dich gespeist? Oder durstig und haben dir zu trinken gegeben? Und wann haben wir dich als einen Fremdling gesehen und haben dich aufgenommen, oder ohne Kleidung und haben dich bekleidet? Oder wann haben wir dich krank gesehen und haben dich besucht, oder im Gefängnis und sind zu dir gekommen? 4. Da wird der König ihnen antworten und sagen: Wahrlich, ich sage euch: Alles, was ihr einem dieser meiner geringsten Brüder getan habt, das habt ihr mir getan."[5] 5. Umgekehrt wieder wirft er die, die ihnen diese Dienste nicht erwiesen haben, ins ewige Feuer, gerade, als hätten sie sie ihm nicht erwiesen.[6] 6. Und an einer anderen Stelle:

[1] Matth. 7, 21. [2] Luk. 6, 46. [3] Vgl. Matth. 13, 16 f.
[4] Vgl. Joh. 13, 17. [5] Matth. 25, 34—40.
[6] Vgl. ebd. 25, 41—45.

„Wer euch aufnimmt, der nimmt mich auf; und wer euch nicht aufnimmt, der verwirft mich."[1]

31, 1. Diese nennt er Kinder[2] und Kindlein[3] und Unmündige[4] und Freunde[5] und Kleine,[6] weil sie hier auf Erden klein sind im Verhältnis zu ihrer zukünftigen Größe droben. „Verachtet nicht", so sagt er, „eines von diesen Kleinen! Denn ihre Engel sehen allezeit das Angesicht meines Vaters im Himmel!"[7] 2. Und an einer anderen Stelle: „Fürchte dich nicht, du kleine Herde! Denn es hat eurem Vater gefallen, euch das Himmelreich zu übergeben."[8] 3. In dem gleichen Sinne sagt er auch, daß der Geringste im Himmelreich, das ist sein Jünger, größer sei als Johannes, der der Größte war unter denen, die von Weibern geboren worden sind.[9] 4. Und wiederum: „Wer einen Gerechten oder einen Propheten mit Rücksicht auf seine Eigenschaft als Gerechter oder Prophet aufnimmt, der wird den jenen gebührenden Lohn empfangen. Und wer einem Jünger mit Rücksicht darauf, daß er ein Jünger ist, einen Becher kalten Wassers zu trinken gibt, der wird des Lohnes nicht verlustig gehen."[10] So ist es demnach dieser Lohn allein, der nicht verloren geht. 5. Und wiederum: „Machet euch Freunde mit dem ungerechten Mammon, damit sie, wenn er zu Ende geht, euch in die ewigen Zelte aufnehmen!"[11] 6. Damit will er sagen, daß jeder Besitz, den jemand allein für sich als sein Eigentum besitzt und nicht den Bedürftigen zu allgemeinem Gebrauch zur Verfügung stellt,[12] seinem Wesen nach ungerecht ist, daß es aber möglich ist, mit den Mitteln dieses ungerechten Besitzes auch eine gerechte und heilbringende Tat zu vollführen, nämlich einen von denen

[1] Vgl. Matth. 10, 40; Luk. 10, 16. [2] Vgl. Mark. 10, 24.
[3] Vgl. Joh. 21, 5. [4] Vgl. Matth. 11, 25.
[5] Vgl. Luk. 12, 4; Joh. 15, 14 f. [6] Vgl. Matth. 10, 42.
[7] Ebd. 18, 10. [8] Luk. 12, 32.
[9] Vgl. Matth. 11, 11; Luk. 7, 28. [10] Matth. 10, 41 f.
[11] Luk. 16, 9; zu der Lesart „wenn er zu Ende geht" vgl. oben 13, 3.
[12] Vgl. Apg. 4, 32.

zu erquicken, die eine ewige Wohnung bei dem Vater haben.

7. Beachte zuerst, daß er dir nicht befohlen hat zu warten, bis du gebeten oder durch Bitten belästigt wirst, sondern vielmehr selbst die zu suchen, die von dir Wohltaten empfangen sollen und würdige Jünger des Herrn sind. 8. Schön ist ja auch das Wort des Apostels: „Einen fröhlichen Geber hat Gott lieb“,[1] einen, der sich daran freut, zu geben, und nicht „kärglich sät“, um nicht auch kärglich zu ernten,[2] und der seine Almosen ohne viel Murren[3] und unterschiedslos[4] und freudig[5] austeilt; denn dies ist eine reine Wohltätigkeit. 9. Aber noch besser ist das Wort des Herrn, das an einer anderen Stelle steht: „Gib einem jeden, der dich bittet!“[6] Denn wahrhaft göttlich ist eine solche Freude am Geben. Über alle Göttlichkeit aber erhaben ist jene Mahnung, nicht zu warten, bis man gebeten wird, sondern selbst zu suchen, wer würdig ist, Wohltaten zu empfangen,[7] und die damit verbundene Zusicherung eines so überaus großen Lohnes für die Mildtätigkeit, nämlich einer ewigen Wohnung.

32, 1. O wie herrlich ist dieser Handel, wie göttlich diese Möglichkeit, etwas zu kaufen! Um Geld erkauft sich jemand Unvergänglichkeit, und indem er die vergänglichen Güter dieser Welt hingibt, empfängt er für sie eine ewige Heimat im Himmel. 2. Fahre mit deinem Schiff zu diesem Jahrmarkt,[8] du Reicher, wenn du klug bist; und wenn es nötig ist, mache die Runde auf der gan-

[1] 2 Kor. 9, 7. [2] Vgl. ebd. 9, 6. [3] Vgl. Phil. 2, 14.
[4] Vgl. Past. Herm. Mand. II 6.
[5] Das Wort λύπης stammt aus 2 Kor. 9, 7. [6] Luk. 6, 30.
[7] Die Mahnung, nicht zu warten, bis man gebeten wird, sondern selbst nach Würdigen zu suchen, findet Clemens in dem Wort: „Machet euch Freunde mit dem ungerechten Mammon!“ (Luk. 16, 9).
[8] Das hier verwendete, auch Hebr. 12, 22 gebrauchte Wort πανήγυρις bedeutet zunächst „Festversammlung“, dann überhaupt jede Versammlung, auch zum Zweck des Kaufens und Verkaufens.

zen Erde![1] Spare nicht Gefahren und Mühen, damit du hier auf Erden ein Himmelreich kaufen kannst! 3. Warum machen dir durchscheinende Steine und Smaragde eine solche Freude und ein Haus, das dem Feuer zur Nahrung[2] oder der Zeit zum Spielzeug[3] oder dem Erdbeben zum Beiwerk[4] oder dem Tyrannen zum Gegenstand seiner frevelhaften Laune wird? 4. Begehre darnach, eine Wohnung im Himmel zu erhalten und zusammen mit Gott zu herrschen! Diese Herrschaft wird dir ein Mensch geben, indem er Gottes Stelle vertritt. Wenn er hier auf Erden nur wenig empfängt, wird er dich dort im Jenseits durch alle Ewigkeiten hindurch zu seinem Hausgenossen machen. 5. Flehe ihn an, damit er etwas annimmt! Beeile dich, strenge alle deine Kräfte an, fürchte dich davor, daß er nichts von dir wissen will! Denn nicht er hat den Befehl erhalten, etwas anzunehmen, sondern du den Befehl, etwas zu geben. 6. Indessen hat der Herr auch nicht gesagt: „Gib!" oder „Gewähre!" oder „Erweise Wohltaten!" oder „Hilf!", sondern: „Mach dir einen Freund!"[5] Zum Freund wird aber einer nicht infolge einer einzigen Gabe, sondern infolge einer völligen Hilfe und auf Grund eines lange währenden Verkehrs; denn auch der Glaube und die Liebe und die Enthaltsamkeit sind nicht das Werk eines einzigen Tages, sondern „wer bis ans Ende standhält, der wird gerettet werden".[6]

33, 1. Wie kann nun ein Mensch solche Gaben gewähren? Weil Gott die Gaben gewährt wegen seiner Wertschätzung jenes Menschen und wegen seines Wohlwollens gegen ihn und seiner nahen Freundschaft zu ihm.

[1] Vgl. Matth. 23, 15. Die gleiche sprachliche Wendung findet sich bei Xenophon, Ages. 9, 3.

[2] Zu *τρυφὴ πυρός* vgl. Porph. ad Marc. 19 p 204, 4 Nauck.

[3] Ähnlich sagt Gregorios von Nazianz, Orat. 37, 11 (Migne S. Gr. 36 Col. 296), daß die Schönheit ein Spielzeug der Zeit und der Krankheit sei.

[4] Damit ist gemeint, daß ein Erdbeben neben vielem andern auch ein solches Haus zerstören kann.

[5] Vgl. Luk. 16, 9. [6] Matth. 10, 22; Mark. 13, 13.

„Denn ich werde nicht nur meinen Freunden, sondern auch den Freunden meiner Freunde geben.“[1] 2. Und wer ist dieser Freund Gottes? Entscheide nicht selbst, wer würdig und wer unwürdig ist! Denn es ist möglich, daß du in deiner Meinung ganz fehlgehst. Da du so wegen deiner Unkenntnis im Ungewissen bist, so ist es besser, wegen der Würdigen auch den Unwürdigen Wohltaten zu erweisen als aus ängstlicher Scheu vor den weniger Guten auch die Besten unberücksichtigt zu lassen. 3. Denn wenn du sparsam bist und vorgibst, du wollest erst prüfen, wer einen Anspruch darauf hat, etwas zu erhalten, und wer nicht, so ist es möglich, daß du einige von denen, die Gott liebt, vernachlässigst, wofür die Vergeltung die ewige Strafe im Feuer ist. Wenn du dagegen allen Bedürftigen der Reihe nach mit offener Hand gibst, so mußt du unbedingt auch einen von denen finden, die dir bei Gott das Heil erwerben können.[2] 4. Darum „richte nicht, damit du nicht gerichtet werdest! Mit demselben Maße, mit dem du missest, wird dir auch wieder gemessen werden. Ein gutes, festgedrücktes, gerütteltes und übervolles Maß wird dir wieder gegeben werden.“[3] 5. Öffne dein Herz allen denen, die als Jünger Gottes eingeschrieben sind, und schau nicht verächtlich weg wegen ihres Körpers und versage ihnen deine Teilnahme nicht mit Rücksicht auf ihr Lebensalter! Und wenn sich einer besitzlos oder schlecht gekleidet oder mißgestaltet oder schwächlich zeigt, so hüte dich davor, mit Rücksicht darauf (auf diese äußeren Dinge) Widerwillen gegen seine Seele[4] zu hegen und dich von ihm wegzuwenden!

[1] Ein sonst unbekanntes Herrenwort.

[2] 33, 2. 3 ist Sacra Par. 292 Holl.

[3] Das Zitat ist eine Verbindung von Matth. 7, 1 f. und Luk. 6, 37 f.

[4] Bisher ist τῇ ψυχῇ immer mit „in deiner Seele“ übersetzt worden; aber der Zusammenhang zeigt, daß die Seele der Bedürftigen gemeint ist. Ferner ist zu beachten, daß Clemens das hier verwendete Verbum δυσχεραίνειν fast immer mit dem Dativ verbindet, um anzugeben, worüber man Widerwillen empfindet.

6. Das ist ja nur eine Hülle, die uns aus Anlaß unseres Eintritts in diese Welt von außen umgelegt ist, damit wir diese gemeinsame Erziehungsanstalt betreten konnten; aber verborgen im Innern wohnt der Vater und sein Sohn, der für uns gestorben und mit uns auferstanden ist.[1]

34, 1. Diese sichtbare Hülle täuscht den Tod und den Teufel; denn der innere Reichtum und die innere Schönheit ist ihnen unsichtbar. Und sie wüten gegen das armselige Fleisch, das sie als schwach verachten, weil sie gegen den inneren Besitz blind sind und nichts davon wissen, welch großen Schatz wir „in einem irdenen Gefäß" tragen,[2] einen Schatz, der durch die Kraft Gottes des Vaters und das Blut Gottes des Sohnes und den Tau[3] des Heiligen Geistes wie mit einer Mauer umschirmt ist. 2. Aber du, der du ja die Wahrheit hast schmecken dürfen und der großen Erlösung gewürdigt worden bist, laß dich nicht täuschen, sondern im Gegensatz zu den übrigen Menschen wirb dir ein Heer an, das waffenlos, zum Krieg untauglich, nicht mit Blut befleckt, nicht zum Zorn geneigt, fleckenlos rein ist, nämlich gottesfürchtige Greise, von Gott geliebte Waisen, Witwen, die mit Sanftmut gewappnet, Männer, die mit Liebe geschmückt sind![4] 3. Aus solchen Leuten verschaffe dir mit Hilfe deines Reichtums für deinen Leib und für deine Seele eine Schutzwache, deren Anführer Gott ist! Um ihretwillen kommt auch ein Schiff, das schon im Sinken begriffen ist, wieder in die Höhe, allein durch der Heiligen Gebete gelenkt, und die Gewalt einer Krankheit, die schon auf ihren Höhepunkt gelangt war, wird gebrochen, durch Handauflegen zum Weichen gebracht, und der Ansturm von Räubern wird entwaffnet, durch heilige Gebete

[1] Ähnlich sagt Polykarpos, Phil. 9, 2: „der für uns gestorben und unsretwegen von Gott auferweckt worden ist".

[2] Vgl. 2 Kor. 4, 7.

[3] Zu diesem Ausdruck vgl. Hymnus auf Christus (oben S. 223) Vers 51 und unten 40, 1. ferner Ignatius, Magn. 14 (δροσισθῆναι).

[4] Sacra Par. 293 Holl.

seiner Rüstung beraubt, und der Dämonen Macht wird gebrochen, durch strenge Gebote in Ohnmacht verkehrt.

35, 1. Alle diese Leute sind tatkräftige Krieger und zuverlässige Wächter; keiner ist untätig, keiner unnütz. Der eine kann dich von Gott losbitten, der andere dich im Leiden trösten, wieder ein anderer aus Mitleid mit Tränen und Seufzern für dich zum Herrn des Alls kommen, oder er kann dich etwas von dem lehren, was für das Heil nützlich ist, oder er kann dich mit Freimut mahnen oder dir mit Wohlwollen raten; alle aber können dich wahrhaft lieben, ohne Trug, ohne Furcht, ohne Heuchelei, ohne Schmeichelei, ohne Verstellung. 2. O wie süß sind die Handreichungen von denen, die uns lieben! O wie beglückend die Dienstleistungen derer, die getrosten Mutes sind! O wie rein ist der Glaube derer, die Gott allein fürchten! O wie wahr sind die Worte bei denen, die nicht lügen können! O wie herrlich sind die Taten bei denen, die entschlossen sind, Gott zu dienen, Gott (durch Gebete) zu erweichen, Gottes Wohlgefallen zu erwerben! Sie glauben nicht, daß sie es mit deinem Fleisch zu tun haben, daß es sich vielmehr bei jedem um seine eigene Seele handle; sie glauben nicht, daß sie mit einem Bruder sprechen, sondern mit dem „König der Ewigkeiten",[1] der in dir wohnt.

36, 1. Alle die Gläubigen sind nun edel und gottähnlich und des (Christen-) Namens würdig, den sie wie eine königliche Krone tragen. Indessen gibt es noch solche, die noch mehr auserwählt sind als die Auserwählten;[2] und dies noch um so mehr, je weniger sie äußerlich hervortreten; sie retten sich gewissermaßen aus dem Wogenschwall der Welt in den Hafen und bringen sich in Sicherheit: sie wollen nicht heilig scheinen; und wenn jemand sie so nennt, so fühlen sie sich beschämt; in der Tiefe

[1] 1 Tim. 1, 17.

[2] Der gleiche Satz wird Strom. VI 107, 2 als ein Zitat eingeführt; es handelt sich vielleicht um ein sonst unbekanntes Herrenwort.

ihres Herzens verbergen sie die unaussprechlichen[1] Geheimnisse; und sie verschmähen es, ihren Adel in der Welt sehen zu lassen. Sie sind es, die der Logos „Licht der Welt"[2] und „Salz der Erde"[3] nennt. 2. Dieses ist der Same,[4] das Bild und die Ähnlichkeit Gottes[5] und sein echtes Kind[6] und Erbe[7], hierher auf die Erde gleich wie in ein fremdes Land nach dem erhabenen Heilsplan und der Weltordnung[8] des Vaters gesandt. 3. Seinetwegen sind auch die sichtbaren und unsichtbaren Dinge der Welt geschaffen worden, die einen, damit sie ihm dienen, die andern, daß er sich an ihnen übe, wieder andre, daß er sie erforsche; und alles bleibt erhalten, solange der Same hier auf Erden weilt; aber sobald er eingesammelt ist,[9] wird alles sofort aufgelöst werden.[10]

37, 1.[11] Denn was ist noch nötig? Blick auf die Geheimnisse der Liebe, und dann wirst du den Schoß des Vaters schauen, den der eingeborene Gott allein verkündigte.[12] Aber auch Gott selbst ist Liebe,[13] und aus Liebe ließ er sich von uns schauen.[14] 2. Und das Unaussprechliche

[1] Vgl. 1 Petr. 1, 8. [2] Matth. 5, 14. [3] Ebd. 5, 13.

[4] Zu diesem besonders von den Gnostikern viel verwendeten Ausdruck vgl. z. B. Exc. ex Theod. 26.

[5] Vgl. Gen. 1, 26; Strom. II 97, 1.

[6] Vgl. 1 Tim. 1, 2; Tit. 1, 4. [7] Vgl. Röm. 8, 17.

[8] Wenn die Überlieferung richtig ist, so ist mit ἀναλογία die harmonische, im richtigen Verhältnis zu dem Zweck stehende Weltordnung gemeint.

[9] Vgl. Matth. 3, 12 und ähnliche Stellen; zur ganzen Stelle vgl. Exc. ex Theod. 26, 3; Apostellehre 9, 4; 10, 5.

[10] Vgl. vielleicht 2 Petr. 3, 10.

[11] Im Folgenden sind mehrere Ausdrücke (μυστήρια, ἐποπτεύειν) aus der Mysteriensprache genommen.

[12] Vgl. Joh. 1, 18. Zu beachten ist, daß Clemens hier wie Strom. V 81, 3; Exc. ex Theod. 6, 2 die Lesart „der eingeborene Gott" bezeugt, der die andere Lesart „der eingeborene Sohn" gegenübersteht, die Clemens auch kannte, aber nur in nichtwörtlichen Anspielungen an den Text bringt; vgl. Strom. I 169, 4; Exc. ex Theod. 7, 3.

[13] Vgl. 1 Joh. 4, 8. 16. [14] Vgl. Strom. V 16, 5.

seines Wesens wurde Vater, das gegen uns Mitleidige aber wurde Mutter. Und infolge seiner Liebe nahm der Vater eines Weibes Wesen an,[1] und der deutliche Beweis dafür ist der Sohn, den er selbst aus sich erzeugte; und die aus Liebe geborene Frucht ist Liebe. 3. Deshalb ist er auch selbst herabgekommen, deshalb hat er menschliche Gestalt angenommen, deshalb hat er aus freiem Willen Menschenschicksal ertragen, damit er, nachdem er aus Liebe zu uns[2] sich dem Maß unserer Schwachheit hat angleichen lassen, umgekehrt uns dem Maß seiner eigenen Macht angleiche. 4. Und als sein Opfertod[3] nahe bevorstand und er sich zum Lösegeld hingab, da hinterläßt er uns eine neue letztwillige Verfügung: „Meine Liebe gebe ich euch.“[4] Worin besteht diese Liebe und wie groß ist sie? Für jeden einzelnen von uns hat er sein Leben hingegeben, das an Wert der ganzen Welt gleich ist. Als Gegengabe fordert er von uns die Hingabe des Lebens füreinander.[5] 5. Wenn wir aber unser Leben unseren Brüdern schuldig sind und wir eine solche Verpflichtung dem Heiland gegenüber auf uns genommen haben, sollten wir da noch die Dinge dieser Welt, die armselig, unserem wahren Wesen fremd und vergänglich sind, aufspeichern und verschließen? Sollten wir das einander vorenthalten, was nach kurzer Zeit das Feuer zur Beute haben wird? 6. Wirklich göttlich und erleuchtet sagt Johannes: „Wer seinen Bruder nicht liebt, ist ein Mörder“,[6] ein Same Kains, ein Sproß des Teufels; er hat Gottes Erbarmen nicht, er hat keine Hoffnung auf eine bessere Welt, er ist ohne Same und ohne Frucht, er ist keine Rebe an dem immer grünenden himmlischen Wein-

[1] Ähnliche Ausdrücke, die die Vaterschaft Gottes erklären sollen, auch bei Synesios, Hymnen II 63 f.: *σὺ πατήρ, σὺ δ' ἐσσὶ μάτηρ. σὺ δ' ἄρρην, σὺ δὲ θῆλυς.*

[2] Vgl. z. B. Joh. 13, 1.

[3] Der Ausdruck *σπένδεσθαι* ist aus 2 Tim. 4, 6 entnommen.

[4] Vgl. Joh. 13, 34, in der Form beeinflußt von ebd. 14, 27.

[5] Vgl. Joh. 15, 13. [6] 1 Joh. 3, 15.

stock, er wird abgehauen, er hat des Feuers volle Gewalt zu erwarten.[1]

38, 1. Du aber erlerne „den ganz unübertrefflichen Weg"[2] zur Rettung, den Paulus zeigt: „Die Liebe sucht nicht das Ihre",[3] sondern ist über den Bruder ausgegossen; auf ihn ist ihre Leidenschaft gerichtet, um seinetwillen ist sie in verständiger Weise von Sinnen. 2. „Liebe deckt der Sünden Menge zu;[4] die vollkommene Liebe treibt die Furcht aus;[5] sie prahlt nicht, sie bläht sich nicht auf,[6] sie freut sich nicht über das Unrecht, sie freut sich vielmehr mit der Wahrheit; sie erträgt alles, sie glaubt alles, sie hofft alles, sie duldet alles. Die Liebe wird nie zu Schanden, die Weissagungen vergehen, die Zungenreden hören auf, die Heilungen werden auf der Erde zurückgelassen.[7] Es bleiben aber diese drei, Glaube, Hoffnung, Liebe; am größten aber unter diesen ist die Liebe."[8] 3. Und mit Recht (ist dies gesagt); denn der Glaube vergeht, wenn wir Gott schauen und so durch unser eigenes Schauen überzeugt werden; und die Hoffnung verschwindet, wenn das, was wir hofften, erfüllt ist; die Liebe aber geht mit hinein in den Ort der Erfüllung[9] und wächst nur noch mehr, wenn das Vollkommene geschenkt ist. 4. Wenn jemand diese Liebe in seine Seele pflanzt, so kann er, mag er auch in Sünden geboren sein[10] und mag er auch viel von dem getan haben, was verboten ist, doch dadurch, daß er die Liebe mehrt und aufrichtige Reue empfindet, seine früheren Fehltritte wieder gutmachen. 5.[11] Aber auch folgender Gedanke soll nicht als Anlaß zur Verzweiflung und Hoffnungslosigkeit in dir bleiben:

[1] Vgl. Joh. 15, 5 f. [2] 1 Kor. 12, 31. [3] 1 Kor. 13, 5.
[4] 1 Petr. 4, 8 (Sprichw. 10, 12). [5] 1 Joh. 4, 18.
[6] 1 Kor. 13, 4. [7] Ebd. 13, 6—8. [8] Ebd. 13, 13.
[9] Der neutestamentliche Ausdruck πλήρωμα wird von Clemens wie von den Gnostikern zur Bezeichnung des Ortes der Erfüllung der Verheißungen gebraucht; vgl. die ähnliche Stelle Exc. ex Theod. 26, 3.
[10] Vgl. Joh. 9, 34. [11] Zum Folgenden vgl. Strom. II 57, 1.

Wir wollen annehmen, du habest verstanden, wer der Reiche ist, der keinen Platz im Himmel hat, und auf welche Weise jemand seinen Besitz verwenden muß, (39, 1) um der üblen Nachrede und den Schwierigkeiten zu entfliehen, durch die der Reichtum den Weg zum Leben zu versperren droht, und um zum Genuß der ewigen Güter gelangen zu können; wir wollen weiter annehmen, daß ein solcher Reicher nach der Versiegelung (nach der Taufe)[1] und der Erlösung[2] aus Unwissenheit oder aus Schwäche oder infolge von Umständen, die ohne sein Zutun eintraten, in gewisse Sünden oder Verfehlungen geraten ist, so daß er von ihnen völlig mit fortgerissen wurde: auch dieses soll dir, wie ich sagte, kein Anlaß zu dem hoffnungslosen Gedanken sein, daß dieser Mann von Gott völlig verdammt sei. 2. Denn für jeden, der sich in Wahrheit aus ganzem Herzen zu Gott bekehrt, stehen die Türen offen; und mit herzlicher Freude nimmt der Vater den Sohn auf, der wahrhaftig Buße tut.[3] Die wahre Buße besteht aber darin, daß man nicht länger in den nämlichen Fehlern verharrt, daß man vielmehr aus der Seele samt den Wurzeln völlig die Sünden entfernt, um derentwillen man sich selbst des Todes würdig erfunden hat.[4] Denn wenn diese ausgetilgt sind, dann wird Gott wieder zu dir kommen und Wohnung in dir nehmen. 3. Denn er sagt, daß große und unvergleichliche Freude und Festfeier in dem Himmel für den Vater und die Engel ist, wenn ein einziger Sünder sich bekehrt und Buße tut.[5] 4. Deshalb ruft er auch: „Barmherzigkeit will

[1] Zu der Bedeutung des Wortes σφραγίς „Taufe" in der altchristlichen Literatur vgl. W. Bauer, Griechisch-Deutsches Wörterbuch zu den Schriften des Neuen Testaments, Sp. 1276 und die dort angeführte Literatur.

[2] Ob das Wort λύτρωσις hier eine bestimmte kirchliche Handlung bezeichnet, ist fraglich.

[3] Vgl. Luk. 15, 23 f.

[4] Sacra Par. 294 Holl; Antonius Melissa p. 22 Gesner.

[5] Vgl. Luk. 15, 7. 10.

ich und nicht Opfer.[1] Ich will nicht den Tod des Sünders, sondern seine Buße.[2] Und wenn eure Sünden wie Purpurwolle sind, so will ich sie weiß wie Schnee machen; und wenn sie schwärzer als die Finsternis sind, so will ich sie reinwaschen und wie weiße Wolle machen!"[3] 5.[4] Denn für Gott allein ist es möglich, Sündenvergebung zu gewähren[5] und „Verfehlungen nicht anzurechnen",[6] zumal da der Herr auch uns befiehlt, jeden Tag unseren Brüdern zu vergeben, wenn sie ihr Tun bereuen.[7] 6. Wenn aber wir, die wir böse sind, gute Gaben zu geben wissen,[8] um wie viel mehr „der Vater der Barmherzigkeit"![9] Der gute Vater „alles Trostes",[9] der Barmherzige[10] und Huldreiche[11] ist seinem Wesen nach langmütig; er wartet auf die, die sich zu ihm bekehren.[12] Die Bekehrung aber besteht in Wahrheit darin, daß man von den Sünden abläßt und nicht mehr nach rückwärts schaut.[13]

40, 1. Für die bereits begangenen Sünden gibt also Gott Vergebung, für die aber, die noch in der Zukunft sind, jeder einzelne sich selbst.[14] Und darin besteht die Sinnesänderung, daß man die vergangenen Taten verurteilt und Straferlaß für sie von dem Vater erbittet, der allein von allen das Geschehene ungetan zu machen vermag, indem er mit seinem eigenen Erbarmen und mit dem Tau des Geistes die früheren Verfehlungen abwäscht. 2.[15] „Denn worin ich euch treffe", so sagt er, „darin werde ich euch auch richten",[16] und bei jeder Gelegenheit weist er nachdrücklich auf das Ende von allem hin.[17] 3. Daher sind auch für den, der in der Haupt-

[1] Matth. 9, 13; 12, 7 (Osee 6, 6). [2] Ezech. 18, 23.
[3] Is. 1, 18. [4] Zu 39, 5. 6 vgl. Past. Herm. Sim. V 7, 3 f.
[5] Vgl. Mark. 2, 7; Luk. 5, 21. [6] 2 Kor. 5, 19.
[7] Vgl. Luk. 17, 3 f. [8] Vgl. Matth. 7, 11; Luk. 11, 13.
[9] 2 Kor. 1, 3. [10] Vgl. vielleicht Jak. 5, 11.
[11] Vgl. Exod. 34, 6; Ps. 85, 15.
[12] Der folgende Satz ist Sacra Par. 295 Holl.
[13] Vgl. Luk. 9, 62. [14] Vgl. Ecl. proph. 15, 2.
[15] 40, 2—4. 6 ist Sacra Par. 296 f. Holl.
[16] Vgl. oben 17, 1 mit Anm.. [17] Vgl. vielleicht 1 Petr. 4, 7.

sache in seinem Leben recht gehandelt hat, zuletzt aber auf den Irrweg des Lasters geraten ist, alle seine früheren Anstrengungen nutzlos,[1] weil er am entscheidenden Wendepunkt[2] des Dramas die Teilnahme am Kampf aufgegeben hat. Dagegen ist es für den, der zuvor ein schlechteres und leichtfertiges Leben geführt hat, möglich, wenn er hernach seinen Sinn ändert, den schlechten Lebenswandel einer langen Zeit durch die Zeit nach der Sinnesänderung völlig auszutilgen.[3] 4. Aber große Sorgfalt ist (dabei) nötig, gerade wie ein durch lange Krankheit geschwächter Körper sorgfältig geregelte Lebensweise und größere Achtsamkeit nötig hat. 5. Du Dieb, willst du Vergebung erlangen? Stiehl nicht mehr![4] Der Ehebrecher soll sich von dem Feuer der Lust nicht mehr in Brand setzen lassen![5] Der Hurer halte sich in Zukunft keusch! Du, der du geraubt hast, gib das Geraubte zurück und gib noch mehr dazu![6] Du falscher Zeuge, befleißige dich der Wahrheit! Du Meineidiger, schwöre nicht mehr! Und bezähme die übrigen Leidenschaften, den Zorn, die Lust, die Trauer, die Furcht,[7] damit es sich, wenn du von hinnen scheidest, zeigen möge, daß du dich vorher schon hier mit deinem Widersacher ausgesöhnt hast![8] 6. Nun ist es freilich vielleicht unmöglich, auf einmal alle die Leidenschaften, die mit uns groß geworden sind, auszurotten, aber mit Gottes Macht und menschlichem Flehen und brüderlicher Hilfe und aufrichtiger Reue und unablässigem Eifer wird es glücklich zuwege gebracht.

41, 1. Deshalb ist es unbedingt notwendig, daß du, der du vornehm und mächtig und reich bist, einen Mann Gottes über dich setzest, der dich zum Kampfe schult

[1] Vgl. Weish. 3, 11.
[2] Das griechische Wort *καταστροφή* bedeutet sowohl den Wendepunkt im Drama als das Ende.
[3] Vgl. Ezech. 18, 21—24. [4] Vgl. Eph. 4, 28.
[5] Der Ausdruck *πυρούσθω* stammt aus 1 Kor. 7, 9.
[6] Vgl. Luk. 19, 8. [7] Vgl. oben 29, 2 mit Anm.
[8] Vgl. Matth. 5, 25; Luk. 12, 58.

und der dein Lebensschiff lenkt. Scheue dich wenigstens vor einem einzigen, fürchte dich wenigstens vor einem einzigen, nimm dir vor, wenigstens auf einen einzigen zu hören, wenn er freimütig redet und dich streng zurechtweist und dabei doch freundlich für dich sorgt! 2. Es ist ja doch auch für die Augen nicht zuträglich, wenn sie die ganze Zeit ohne unangenehme Reizung bleiben; vielmehr müssen sie bisweilen weinen und schmerzen der besseren Gesundheit wegen. 3. So ist auch für die Seele nichts verderblicher als ununterbrochene Lust; denn unter ihrem verweichlichenden Einfluß wird sie abgestumpft, wenn sie von dem freimütigen Wort unbeeinflußt bleibt. 4. Vor jenem Mann fürchte dich, wenn er zürnt, und sei betrübt, wenn er seufzt,[1] und ehre ihn, wenn er seinen Zorn unterdrückt, und komme ihm zuvor, wenn er um Abwendung der Strafe bittet! 5. Dieser Mann möge viele Nächte um deinetwillen durchwachen,[1] um deine Anliegen vor Gott zu bringen und um mit vertrauten Gebeten den Vater zu bestimmen; denn er versagt seinen Kindern sein Erbarmen nicht, wenn sie darum bitten. 6. Jener wird aber (für dich) bitten, wenn er in aufrichtiger Weise von dir als ein Bote Gottes geehrt wird und wenn er nicht durch dich, sondern nur für dich Kummer zu ertragen hat. Dieses ist ungeheuchelte Reue. 7. „Gott läßt sich nicht verspotten"[2] und achtet nicht auf leere Worte. Denn er allein prüft Mark und Nieren des Herzens[3] und hört die, die im Feuer sind,[4] und erhört die, die im Bauch des Seeungeheuers ihn anflehen,[5] und er ist nahe allen, die da glauben, und fern von den Gottlosen, es sei denn, daß sie ihren Sinn ändern.

[1] Die Ausdrücke *στενάξαντα* und *ἀγρυπνησάτω* stammen aus Hebr. 13, 17.

[2] Gal. 6, 7.

[3] Vgl. Hebr. 4, 12; Jer. 17, 10; Ps. 7, 10; Offenb. 2, 23.

[4] Vgl. Dan. 3. [5] Vgl. Jon. 2.

42, 1.[1] Damit du aber, wenn du so in Wahrheit deinen Sinn geändert hast, der getrosten Zuversicht seiest, daß dir zuverlässige Hoffnung auf Rettung bleibt, so höre eine Erzählung, die nicht nur eine Erzählung, sondern ein wahrer Bericht ist,[2] der über den Apostel Johannes überliefert und für die Erinnerung aufbewahrt ist! 2. Als er nämlich nach dem Tode des Tyrannen[3] von der Insel Patmos nach Ephesos gekommen war, pflegte er auch, wenn eine Aufforderung an ihn kam, in die benachbarten Gegenden des Heidenlandes zu gehen, um an dem einen Orte Bischöfe einzusetzen, anderswo ganzen Gemeinden ihre Ordnung zu geben oder für ein kirchliches Amt einen von denen zu bestimmen, die vom Geist als tauglich dafür bezeichnet waren. 3. So kam er auch in eine der nicht weit entfernten Städte, von der einige auch den Namen nennen.[4] Dort brachte er den Brüdern im übrigen geistige Erquickung. Zuletzt aber, als er einen Jüngling von stattlichem Körper und hübscher äußerer Erscheinung und feuriger Gemütsart gesehen hatte, richtete er seinen Blick auf den dort eingesetzten Bischof und sagte zu ihm: „Diesen Jüngling vertraue ich mit allem Ernst deiner Fürsorge an; die Kirche und Christus, vor denen ich dies tue, sollen des Zeugen sein." Da der Bischof sich einverstanden erklärte und alles versprach, wiederholte er noch einmal mit Nachdruck die gleichen Worte und wies noch einmal auf die Zeugen hin. 4. Dann kehrte er nach

[1] 42, 1—15 steht in vielen Handschriften der Scholien zu Maximus Confessor und (von den Worten „höre eine Erzählung" an) in der Kirchengeschichte des Eusebios III 23, 6—19. Dadurch ist die sonst nur bei Clemens erhaltene Erzählung vielen bekannt geworden; vgl. die Zusammenstellung bei Harnack-Preuschen, Überlieferung S. 316.

[2] Der gleiche Gegensatz zwischen μῦθος und λόγος auch bei Platon, Gorgias p. 523 A; Prot. p. 324 D; Tim. p. 26 E.

[3] Es ist Domitian gemeint, der 96 n. Chr. starb.

[4] In der Osterchronik (S. 470, 9 der Bonner Ausgabe) ist Smyrna als diese Stadt genannt.

Ephesos zurück; der Presbyter[1] aber nahm den ihm anvertrauten Jüngling in sein Haus auf, erzog ihn, hütete ihn, erwies ihm alle Liebe und gab ihm zuletzt die Erleuchtung durch die Taufe.[2] Und hernach ließ er etwas in seiner großen Sorge und Wachsamkeit nach, in dem Bewußtsein, daß er ihm das vollkommenste Bewahrungsmittel zum Schutz gegeben habe, nämlich das Siegel[3] des Herrn. 5. Aber da der Jüngling zu frühe Freiheit erlangt hatte, gesellen sich zu ihm zu seinem Verderben einige müßige und liederliche Altersgenossen, die an schlechte Taten gewohnt waren; und zuerst verlocken sie ihn durch üppige Schmausereien; sodann nehmen sie ihn wohl auch mit, wenn sie nachts auf Straßenraub ausziehen; schließlich verlangten sie von ihm, daß er sich auch bei noch schlimmerem Tun beteilige. 6. Er aber gewöhnte sich allmählich daran, und infolge seiner leidenschaftlichen Veranlagung wich er wie ein störriges und kraftvolles Pferd vom richtigen Wege ab und stürzte sich, auf die Stange beißend,[4] mit größerer Wucht in den Abgrund. 7. Da er aber die Hoffnung auf die Rettung in Gott völlig aufgegeben hatte, begnügte er sich in seinen Plänen nicht mehr mit etwas Kleinem, sondern wollte, weil er doch ein für allemal verloren war, etwas Großes ausführen und sodann das gleiche Schicksal wie die andern erleiden. So nahm er eben diese Leute mit sich und sammelte eine Räuberbande um sich, deren williger Anführer er war, gewalttätiger, blutgieriger, grausamer als alle andren. 8. Einige Zeit verging; da rief man, als irgend-

[1] Es ist zu beachten, daß hier die gleiche Person bald als Bischof, bald als Presbyter bezeichnet wird. An anderen Stellen werden Bischöfe, Presbyter und Diakone unterschieden; vgl. Paid. III 97, 2; Strom. VI 107, 2. An anderen Stellen ist nur von Presbytern und Diakonen die Rede; vgl. Strom. III 90, 1; VI 106, 2; VII 3, 3.

[2] Die Ausdrücke φωτίζειν und φωτισμός werden von der Taufe gebraucht.

[3] Vgl. oben 39, 1 mit Anm.

[4] Vgl. Platon, Phaidros p. 254 D; Protr. 89, 3; Paid. II 86, 2.

eine Angelegenheit es nötig machte, den Johannes wieder herbei. Als dieser die anderen Dinge, derentwegen er gekommen war, geordnet hatte, sagte er: „Wohlan, Bischof, gib uns das anvertraute Gut zurück, das ich und Christus dir übergeben haben in Gegenwart der Gemeinde, an deren Spitze du stehst, die dessen Zeuge ist!" 9. Der Bischof erschrak zuerst in der Meinung, er werde fälschlich wegen Geldern angeklagt, die er nicht erhalten hatte, und konnte ebenso wenig den Worten hinsichtlich dessen glauben, was er nicht hatte, wie dem Johannes den Glauben versagen. Wie aber dieser sagte: „Den Jüngling fordere ich zurück und die Seele des Bruders", da seufzte der alte Mann tief auf und vergoß dazu sogar Tränen. Dann sagte er: „Jener ist gestorben." „Wie und auf welche Todesart?" „Gott ist er gestorben",[1] erwiderte er; „denn er ist ein schlechter und verworfener Mensch und, um die Hauptsache zu sagen, ein Räuber geworden; die Kirche hat er verlassen und ist jetzt in das Gebirge gezogen mit einer Schar ihm ähnlicher Männer." 10. Da zerriß der Apostel sein Gewand, schlug sich mit lautem Klagen auf das Haupt und rief: „Da habe ich ja einen trefflichen Wächter für die Seele unseres Bruders zurückgelassen! Doch ein Pferd soll mir sofort zur Stelle sein und ein Führer soll kommen, der mir den Weg zeigen kann! Und wie er war, ritt er sogleich von der Kirche fort. 11. Und wie er an den Ort kam, wird er von den ausgestellten Wachen der Räuber ergriffen, wobei er weder zu fliehen versuchte noch sich aufs Bitten verlegte, sondern vielmehr ausrief: „Dazu bin ich gekommen; führt mich zu eurem Anführer!" 12. Dieser wartete bewaffnet, wie er war, eine Zeit lang auf sie. Als er aber beim Näherkommen den Johannes erkannte, wandte er sich, von Scham ergriffen, zur Flucht. Johannes aber dachte nicht an sein hohes Alter, sondern setzte ihm mit aller Kraft nach, indem er rief: 13. „Warum

[1] Vgl. Origenes, Geg. Celsus III 51 S. 247, 23 Koetschau.

fliehst du, mein Sohn, vor mir, vor deinem eigenen Vater, vor dem, der unbewaffnet, vor dem, der ein Greis ist? Habe Mitleid mit mir, mein Sohn, fürchte dich nicht! Du hast noch Hoffnungen auf das Leben. Ich selbst will Christus über dich Rechenschaft geben.[1] Wenn es nötig ist, will ich gern den Tod erleiden, den du verdient hast, wie der Herr den Tod für uns erlitt. Für dich will ich mein eigenes Leben hingeben. Bleib stehen! Fasse Vertrauen! Christus hat mich gesandt." 14. Als der Jüngling dies hörte, blieb er zuerst stehen und blickte zur Erde; dann warf er seine Waffen weg; dann begann er zu zittern und bitterlich zu weinen.[2] Als der Greis nun herankam, umarmte er ihn, verteidigte sich, so gut er konnte, durch sein Wehklagen und wurde durch die Tränen, die er vergoß, zum zweiten Mal getauft. Dabei verbarg er nur seine rechte Hand.[3] 15. Johannes aber verbürgte sich selbst und versicherte ihm unter Eid, daß er für ihn Vergebung von dem Heiland gefunden habe. Er drang mit Bitten in ihn und fiel vor ihm auf die Knie nieder. Darauf küßte er die rechte Hand selbst, um zu zeigen, daß sie nach seiner Überzeugung durch die Sinnesänderung gereinigt sei, und führte ihn zur Kirche zurück. Mit vielen Gebeten flehte er hier für ihn um Gnade, durch anhaltendes Fasten unterstützte er ihn im Kampf, durch mannigfaltige, herzgewinnende Worte bezwang er wie mit einem Zauber seinen Sinn und ging, wie erzählt wird, nicht eher fort, als bis er ihm die Leitung der Kirche anvertraut[4] und damit ein leuchtendes Beispiel wahrer Sinnesänderung und einen deutlichen Beweis der Wieder-

[1] Vgl. Hebr. 13, 17. [2] Vgl. Matth. 26, 75; Luk. 22, 62.

[3] Johannes Chrysostomos gibt als Grund an, daß sie durch Blut befleckt war.

[4] Der Text ist hier nicht einheitlich überliefert; aber es ist nicht daran zu zweifeln, daß die der Übersetzung zugrunde liegende Lesart richtig ist; sie wurde geändert, weil man daran Anstoß nahm, daß der frühere Räuberhauptmann die Würde des Bischofs bekam. Aber der Erzähler sah gerade hierin den größten Beweis für die Wirkung wahrer Buße.

geburt gegeben hatte, ein Siegeszeichen der sichtbaren Auferstehung.[1]

16. (Die Engel werden sie aufnehmen) mit strahlendem (Angesicht), voller Freude, mit Gesang ihnen den Himmel öffnend. Und allen voran wird der Heiland selbst ihnen entgegenkommen, um sie willkommen zu heißen; er bringt ihnen schattenloses, unvergängliches Licht und führt sie zum Schoß des Vaters, in das ewige Leben, in das Himmelreich. 17. Dieses soll man den Jüngern Gottes und Gott glauben, der sich dafür verbürgt, den Weissagungen, den Evangelien, den Worten der Apostel. Wer in ihnen lebt und ihnen Gehör schenkt und die Werke tut, der wird in dem Augenblick selbst des Scheidens von hinnen das Ziel und den Beweis (der Wahrheit) der Lehren schauen. 18. Denn wer hier in dieser Welt den Engel der Buße[2] bei sich aufnimmt, der wird dann nicht Buße tun müssen, wenn er den Leib verläßt, und wird sich nicht schämen müssen, wenn er den Heiland mit seiner Herrlichkeit und mit seiner Heerschar herankommen sieht; er fürchtet sich nicht vor dem Feuer. Wer es aber vorzieht, bei seinen Lüsten zu bleiben, indem er immer Sünde auf Sünde häuft, und das üppige Leben hier auf der Erde höher schätzt als das ewige Leben und sich wegwendet, wenn der Heiland ihm Vergebung anbietet, der soll die Schuld nicht mehr auf Gott noch auf den Reichtum noch auf seine früheren Verfehlungen schieben, sondern auf seine eigene Seele, die vorsätzlich ins Ver-

[1] Hier schließt der Abschnitt, den Eusebios und die Scholien des Maximos aus Clemens anführen. Aus ihnen mußte der Text schon von 42, 8 an ergänzt werden, weil das Blatt 344 der Escorialhandschrift (vgl. Einleitung des ersten Bandes S. 42) bis auf einen schmalen Streifen herausgerissen ist. Damit fehlt hier nach dem Ende der Erzählung ein Abschnitt von etwa 25 Zeilen, der nicht ergänzt werden kann. Die im folgenden eingeklammerten Worte sind ein Versuch, wenigstens den Anfang des nächsten Satzes zu ergänzen.

[2] Dieser Ausdruck findet sich bei Past. Herm. Sim. IX 33, 1 und öfters.

derben geht. 19. Wer aber nach der Erlösung ausschaut und sich nach ihr sehnt und mit aller Zudringlichkeit[1] und Gewalt[2] um sie bittet, dem wird der gute Vater im Himmel die wahre Reinigung und das unveränderliche Leben schenken. 20. Ihm sei durch seinen Sohn Jesus Christus, den Herrn über Lebende und Tote,[3] und durch den Heiligen Geist Ruhm, Ehre, Macht und ewige Herrlichkeit jetzt und von Geschlecht zu Geschlecht und von Ewigkeit zu Ewigkeit! Amen.[4]

[1] Vgl. Luk. 11, 8. [2] Vgl. Matth. 11, 12. [3] Vgl. Röm. 14, 9.
[4] Zur Doxologie vgl. Röm. 16, 27; Eph. 3, 21; 1 Tim. 1, 17 und ähnliche Stellen; 1. Clemensbrief 61, 3; 65, 2.

Erläuterungen zum Autor und zum Text

1. Das Leben des Klemens von Alexandrien

„Wer Clemens näherkommen will, muß sich auf dessen Schriften beschränken." Mit dieser Feststellung beschreibt *W. Völker*[1] treffend die Situation dessen, der die äußeren Lebensumstände des Klemens, seinen Werdegang oder seine Tätigkeit als Lehrer in Alexandrien beschreiben will. Aber auch seine Werke selbst bieten nur wenig Konkretes, und was anderswo über ihn mitgeteilt wird, ist häufig mit Vorsicht aufzunehmen[2].

Titus Flavius Clemens, wie er mit vollem Namen heißt[3], wurde in der Mitte des 2. Jhs. – die Chronik des *Eusebius* setzt seine Blütezeit in das Jahr 193, seine Werke in das Jahr 203[4]

[1] *W. Völker*, Der wahre Gnostiker nach Clemens von Alexandrien, Berlin 1952,2.

[2] Die wichtigsten Zeugnisse über Klemens Alexandrinus hat *O. Stählin* im ersten Band seiner griechischen Ausgabe zusammengestellt: Clemens Alexandrinus I. Protrepticus und Paedagogus, hrsg. v. *O. Stählin* = Die griechischen christlichen Schriftsteller der ersten drei Jahrhunderte, unter der Leitung *A. Harnacks* hrsg. v. der Kirchenväter-Kommission der Berliner Akademie der Wissenschaften, Bd. 12, Berlin 1936, IX–XVI.

[3] *Stählin* hat darauf hingewiesen, daß ein *Titus Flavius Clemens* zusammen mit Domitian im Jahre 95 Konsul war. Wahrscheinlich bestehe zwischen beiden irgendein Zusammenhang, „etwa in der Weise, daß unser Clemens der Nachfahre eines Freigelassenen jenes Konsuls war": *O. Stählin*, Einleitung zu der Übersetzung der Werke des Clemens von Alexandreia, in: Clemens von Alexandreia, Ausgewählte Schriften. Aus dem Griechischen übersetzt von *O. Stählin*, I. Band (Bibliothek der Kirchenväter, 2. Reihe Band VII) München 1934, 10.

[4] *Eusebius*, chronic., hrsg. v. *A. Schöne*, 2 Bde 1866/75, 2, 174.176; *Hieronymus*, chronic., in: Die griechischen christlichen Schriftsteller, Bd. 24, *Eusebius* VII/1,211 f.

– in Alexandrien oder, was wohl mehr Glauben verdient, in Athen geboren[5]. Er war Sohn höchstwahrscheinlich heidnischer Eltern, möglicherweise sogar Eingeweihter der eleusinischen Mysterien[6].

Eine gründliche Bildung in der heidnischen Literatur und Philosophie, wie sie üblicherweise jungen Männern gehobeneren Standes zuteil wurde, dürfen wir angesichts der immensen Gelehrsamkeit, die aus seinen Schriften spricht, bei ihm gewiß voraussetzen. Schon früh scheint sich Klemens dem Christentum zugewandt zu haben. Ausgedehnte Reisen führen ihn als jungen Mann auf der Suche nach einem geeigneten Lehrer im christlichen Glauben – so deutet er selbst später diese Bildungsreise[7] – durch verschiedene Länder des Mittelmeerraumes. Nur zu gerne wüßten wir, wer sich hinter „jenen seligen und wahrhaft bedeutenden Männern" verbirgt, deren Lehrvorträge Klemens in Griechenland, in Unteritalien, im Osten und in Palästina gehört hat[8]. Als er schließlich in Ägypten auf *Pantainos* trifft, gibt er weiteres Suchen auf und läßt sich in seiner Nähe nieder. Klemens feiert ihn später, im Rückblick auf seine Reisen, als die „sizilische Biene"[9], die „aus den Blumen der prophetischen und apostolischen Wiese Honig sog und in den Seelen seiner Zuhörer lauteres Erkenntnisgut erzeugte". Durch ihn wie durch seine anderen Lehrer weiß er sich mit der

[5] *Epiphanius*, haereses 32,6: Κλήμης τε, ὅν φασί τινες Ἀλεξανδρέα, ἕτεροι δὲ Ἀθηναῖον. – Zu dieser Stelle hat *O. Stählin* in der Anm. 3 genannten Einleitung das Richtige gesagt (S. 9, Anm. 3).

[6] *Ch. Picard*, Les mystères d'Eleusis: Revue de l'histoire des religions 154 (1958) 129–145; Völker 37 Anm. 1.

[7] Stromata 1,11,1 f.

[8] Vgl. ebd. 1,11,1–3. – Man hat vermutet, daß mit dem von Klemens genannten Jonier in Griechenland der Apologet *Athenagoras* gemeint sei, mit dem Assyrer, den er in Unteritalien trifft, *Tatian* und mit dem Hebräer in Palästina *Hegesipp*. Doch das ist ganz unsicher.

[9] Dieses Attribut kann sinnvoll nur auf die Herkunft des *Pantainos* gedeutet werden.

apostolischen Tradition der Heiligen Petrus und Jakobus, Johannes und Paulus verbunden (stromata 1,11,2).
Nach der Kirchengeschichte des Eusebius (5,10f.) war Pantainos in Alexandrien Leiter einer Katechetenschule, erfolgreicher Lehrer besonders des Klemens (6,13,2), der ihm dann auch in der Schulleitung nachgefolgt sei und sie wiederum an seinen Schüler *Origenes* weitergegeben habe. Doch dieses Zeugnis des Eusebius, das analog zu den griechischen Philosophenschulen eine regelrechte Nachfolge im Scholarchat voraussetzt, wird allgemein heute nicht mehr kritiklos hingenommen[10]. Eine Katechetenschule in Alexandrien scheint aus mehreren, hier nicht näher zu erörternden Gründen für diese Zeit unwahrscheinlich. Man wird sich die Verhältnisse dort kaum anders vorzustellen haben als etwa in Rom oder den übrigen Reichsteilen. Apologetisches und missionarisches Bemühen hatte im Laufe des 2. Jahrhunderts allenthalben dazu geführt, daß man der gebildeten Welt die neue Lehre als die wahre Philosophie darzustellen und ihr in bewußter Anpassung an philosophische Zeitströmungen eine wissenschaftliche Begründung zu geben versuchte. Die zunehmende Attraktivität des Christentums für gebildetere Bevölkerungsschichten verlangte nach eingehender Entfaltung und systematischer Darlegung der geoffenbarten Wahrheit, nach einer mit philosophischen Begriffen arbeitenden theologischen Wissenschaft, die den Ansprüchen auch dieser Kreise genügte. Vertreter dieser neuen, veränderten Einstellung zur heidnischen Bildung fühlen sich selbst als „Philosophen“, die im Christentum „die einzig wahre Philosophie“ gefunden haben. Es zeugt von ihrem Selbstverständnis, daß sie nicht nur ihren heidnischen Zeitgenossen in philosophi-

[10] Vgl. *G. Bardy*, Aux origines de l'école d'Alexandrie: Recherches de science religieuse 27 (1937) 65-90; *J. Munck*, Untersuchungen über Klemens von Alexandria, Stuttgart 1933, 173-175. 224–229; *A. Knauber*, Katechetenschule oder Schulkatechumenat? Um die rechte Deutung des „Unternehmens“ der ersten großen Alexandriner: Trierer theologische Zeitschrift 60 (1951) 243–266.

scher Bildung gleichzukommen suchen, sondern in offensiver Konkurrenz zur heidnischen Philosophie „als Propagandisten einer neuen Lebens- und Heilslehre“[11] auftreten. In Rom ist es *Justin,* der ganz im Stile seiner heidnischen Berufskollegen in eigenem Namen Schüler um sich versammelte und nach den Worten des Eusebius (historia ecclesiastica 4,11,8) „im Gewande eines Philosophen das göttliche Wort verkündete“ – offensichtlich so erfolgreich, daß er den Neid eines heidnischen Konkurrenten auf sich zog[12]. Kaum anders dürfte es sich bei den Lehrern verhalten haben, die Klemens auf seiner Reise durch die Mittelmeerländer aufgesucht hatte, oder auch in Alexandrien, wo er schließlich in den Bannkreis des Pantainos geriet. Dieser war vom Stoizismus zum Christentum übergetreten, hatte als Verkünder des Evangeliums den ganzen Orient bis nach Indien bereist[13] und war nun nach den Worten des Eusebius (ebd. 5,10,1) „Leiter der Schule der Gläubigen in Alexandrien“. Auch hier dürfte es sich aller Wahrscheinlichkeit nach also um ein Unternehmen gehandelt haben, wo Schüler sich in loser Form um einen christlichen Lehrer scharten, keineswegs um eine offizielle, in die kirchliche Organisation eingebundene Lehranstalt. Auch Klemens wird kaum, wie die Überlieferung will (Eusebius ebd. 6,6), als bestellter Leiter einer Katechetenschule, sondern als freier Lehrer seine Lehrtätigkeit ausgeübt haben[14].

[11] *N. Brox,* Zur christlichen Mission in der Spätantike, in: *K. Kertelge* (Hrsg.), Mission im Neuen Testament, Freiburg/Br., Basel, Wien 1982, 218; *J. Geffcken,* Zwei griechische Apologeten, Leipzig–Berlin 1907; Nachdr. 1970, 31f.; *W. Jaeger,* Paideia Christi: Zeitschrift für die neutestamentliche Wissenschaft 50 (1959) 1–14.

[12] Vgl. *Justin,* apologia 2,3; *Tatian,* oratio ad Graecos 19,3f.

[13] Das entspricht ziemlich genau dem, was *Eusebius,* historia ecclesiastica 3, 37,2f. über die Wandermissionare des frühen 2. Jahrhunderts sagt. Dazu *N. Brox* 217.

[14] *H. von Campenhausen,* Griechische Kirchenväter, Stuttgart ^{6}1982, 33; *H. I. Marrou,* Geschichte der Erziehung im klassischen Altertum, Freiburg-München ^{7}1976, 594–596; *N. Brox* 218–220 mit weiteren Literaturhinweisen.

Während der Christenverfolgung unter *Septimius Severus* verließ Klemens im Jahre 202 Alexandrien, um, wie es scheint, nach Caesarea in Kappadozien zu gehen. Um 211 überbrachte er einen Brief des dortigen *Bischofs Alexander* an die Gemeinde von Antiochia, dessen Schluß wiederum Eusebius mitteilt: „Dieses Schreiben schicke ich euch, meine Brüder, durch den seligen Presbyter Klemens[15], einen tüchtigen, bewährten Mann, den auch ihr kennt und noch kennenlernen werdet. Er ist nach dem Willen und der Fügung Gottes hier gewesen und hat die Gemeinde des Herrn gestärkt und vergrößert." (historia ecclesiastica 6,11,6). – Bald darauf muß Klemens gestorben sein. Um das Jahr 215/16 rechnet Alexander, der inzwischen Bischof von Jerusalem geworden war, in einem an Origenes gerichteten Brief den „heiligen Klemens", „seinen Herrn und Wohltäter", neben Pantainos, dem „wahrhaft seligen Herrn", bereits zu den Toten (Eusebius ebd. 6,14,8f.). Genaueres über Zeit und Umstände seines Todes wissen wir nicht.

Eine tiefe Sympathie für die griechische Philosophie bestimmt das geistige Bild, das uns seine Werke vermitteln. Die erheblichen Vorbehalte, die viele seiner kirchlichen Zeitgenossen, vor allem unter den einfachen Laien, ihr entgegenbrachten, und die sich, wie er sagt, „vor der griechischen Philosophie fürchten wie die Kinder vor Gespenstern" (stromata 6,80,5), kann er nicht teilen. Für ihn ist die Philosophie Gabe Gottes an die Griechen (ebd. 1,28,2; 37,1; 6,42,1; 156,4; 159,6.7; 7,11,2), ein Werk göttlicher Vorsehung (ebd. 1,18,4; 37,1), Teil des in der Welt wirkenden Logos. Wie das Gesetz und die Propheten ist sie Vorbereitung auf die christliche Offenbarung (ebd. 6,44,1; 7,11,1f.; protreptikos

[15] O. *Bardenhewer,* Geschichte der altkirchlichen Literatur, Darmstadt, ²1962 (1914), 41, hatte diese Stelle als sicheren Beweis dafür angesehen, daß Klemens ein Priesteramt bekleidet habe. Dem hat *H. Koch,* War Klemens von Alexandrien Priester?, Zeitschrift für die neutestamentliche Wissenschaft 20 (1921) 43–48, mit überzeugenden Gründen widersprochen.

112,1), das „Testament" der Griechen (stromata 6,67,1). Im göttlichen Heilsplan hat sie ihren notwendigen Platz (ebd. 7,1,4). Ganz selbstverständlich bleibt natürlich für Klemens Ausgangspunkt seines religiösen Denkens und Suchens die Hl. Schrift. Gegen Einwände und Kritiker betont er: Falls das von uns Gesagte für manche aus der großen Masse von dem Wort in der Heiligen Schrift abzuweichen scheint, so soll man wissen, daß alle unsere Worte aus der Heiligen Schrift Geist und Leben haben, und zwar in ihr wurzeln, aber nicht ihren Wortlaut, sondern nur ihren Sinn wiederzugeben versprechen (ebd. 7,1,4). Sein Interesse an der Philosophie ist zunächst apologetisch bestimmt, nicht im engen Sinne einer nur defensiven Apologetik, vielmehr ist die philosophische Durchdringung der geoffenbarten Glaubenswahrheit für ihn die notwendige Voraussetzung des nach außen gerichteten Dialogs mit einer ernstgenommenen heidnischen Umwelt sowie eine innerkirchliche, dem steigenden Bildungsniveau geschuldete Notwendigkeit. Mit gutem Recht hat man daher Klemens die Bezeichnungen „erster christlicher Gelehrter"[16] oder „Initiator der theologischen Methode"[17] beigelegt. Heutiger Forschung ist damit das schwierige Problem aufgegeben, das Verhältnis von Philosophie und sich formender christlicher Lehre, an der Klemens selbst einen nicht geringen Anteil hat, zu bestimmen.

2. Einführung in das Werk „Welcher Reiche wird gerettet werden?"

Daß die Armen in der besonderen Gunst Gottes stehen, ist bekanntlich eine in der Frühkirche weit verbreitete Überzeugung. Sie hat ihre Wurzeln teils in der „Armenfrömmigkeit"

[16] *B. Altaner - A. Stuiber,* Patrologie. Leben, Schriften und Lehre der Kirchenväter, Freiburg–Basel–Wien [9]1980, 191.

[17] *P.-Th. Camelot,* Art. Klemens, Titus Flavius v. Alexandrien, in: Lexikon für Theologie und Kirche, Bd. 6, Freiburg/Br. 1961, 331 f.

des Frühjudentums, teils in der eschatologischen Predigt Jesu[18]. Namentlich in judenchristlichen, von ebionitischer Tradition beeinflußten Kreisen wird Reichtum und christliche Gesinnung als unvereinbar empfunden. Begründet wird diese Haltung allgemein damit, daß Reichtum an die ‚Welt' bindet und sich dem Anspruch Gottes hindernd in den Weg stellt. Für die junge Kirche, die in immer stärkerem Maße auch vermögendere Bevölkerungsschichten anzog[19], stellt sich angesichts dieser zum Teil erbitterten Ablehnung des Reichtums die Frage, wie den Vermögenden innerhalb der Gemeinde zu begegnen sei.

Armut und Reichtum als frühchristliches Problem

Einen flüchtigen Blick in das Ringen um dieses im Laufe des zweiten Jahrhunderts drängender werdende Problem gewährt uns die als Apokalypse stilisierte Bußpredigt des *Hermas* aus der Zeit um 150. Der in Rom lebende Verfasser, selbst zwar nur kleiner Gewerbetreibender mit geringem Landbesitz, aber in unlautere Geschäfte verwickelt (visiones 2,3; mandata 3,3) und insofern Betroffener[20], vergleicht in der sogenannten Turmallegorie die Reichen in der Gemeinde mit runden Steinen, die zum Bau des Turmes nur bedingt geeignet sind. Völlig ausgeschlossen aus der Kirche, wie etwa die Heuchler, Zweifler und Abgefallenen, sind sie nicht. Da sie zwar glauben, aber auch „der Welt Reichtum" haben, sind sie jedoch nur begrenzt verwendbar; denn „wenn Drangsal kommt, verleugnen sie ihren Herrn um ihres Reichtums und ihrer Geschäfte willen". Auf die Frage: „Wann denn werden

[18] *M. Dibelius,* Der Jakobusbrief, Göttingen [11]1964, 58–69.

[19] *A. von Harnack,* Die Mission und Ausbreitung des Christentums in den ersten drei Jahrhunderten, Bd. 2, Leipzig [4]1924; Nachdr. 1965, 559-568; *H. Gülzow,* Soziale Gegebenheiten der altkirchlichen Mission, in: *H. Frohnes – U. W. Knorr* (Hrsg.), Kirchengeschichte als Missionsgeschichte Bd. 1, München 1974, 189–226, bes. 222f.

[20] Seine Geschäfte trennen ihn von Gott: visiones 3,6,7.

sie brauchbar zum Bau sein?" erhält der Visionär die Antwort: „Wenn der Reichtum, der ihre Freude ist, von ihnen ‚abgehauen' wird, dann werden sie brauchbar sein für Gott. Denn wie der runde Stein nicht viereckig werden kann, wenn er nicht behauen wird und etwas von seinem Umfang einbüßt, so können auch die Reichen dieser Welt nicht brauchbar werden für den Herrn, wenn ihr Reichtum nicht abgehauen wird" (visiones 3,6,5–7). Die hier zutage tretende rigorose Reichtumsfeindlichkeit berührt sich mit dem etwas älteren Jakobusbrief[21], der in kaum mehr zu überbietender Weise die Reichen in der Gemeinde angreift, ja sie von ihr fernhalten will. Ähnliche Töne finden sich noch ein gutes halbes Jahrhundert später bei dem Nordafrikaner *Tertullian.* Er nennt Gott einen „Verächter der Reichen" und „Anwalt der Armen"[22]. Christus, der selbst ganz arm war, „erklärt immer die Armen für gerecht, die Reichen dagegen verdammt er von vornherein"[23]. Freilich handelt es sich hier nur mehr um ein fernes Nachklingen der urchristlich-jüdischen Armenfrömmigkeit.

Das letzte Wort in dieser Sache, die immer gebieterischer nach einer Lösung verlangte, konnte das selbstverständlich nicht sein. Schon Hermas macht den Versuch, das Problem des Reichtums in den Gemeinden grundsätzlich zu lösen. In dem gelungenen und einprägsamen Gleichnis von Ulme und Weinstock trägt er, anknüpfend an den jüdischen Lohn- und Vergeltungsgedanken, eine „Ausgleichstheorie" vor: Wie die unfruchtbare Ulme dem Weinstock Halt geben muß und in Zeiten der Trockenheit ihn mit ihrem eigenen Saft nährt, damit er Frucht bringen kann, so soll auch der Reiche die Not des Armen abwenden, damit er für den Reichen zu Gott

[21] Zwischen *Hermas* und dem *Jakobusbrief* besteht „eine Verwandtschaft, die über lexikalische und gedankliche Berührungen hinausgeht" (*M. Dibelius,* Jakobusbrief 49f. mit weiterer Literatur).

[22] *Tertullian,* adversus Marcionem 4,15,8.

[23] *Tertullian,* de patientia 7,3: semper pauperes iustificat, divites praedamnat.

betet. „Denn der Arme ist reich in Bitt- und Dankgebet, und sein Gebet hat bei Gott große Kraft."[24] - Hermas ist also bestrebt, der sozialen Wirklichkeit der Gemeinden gerecht zu werden und durch die Darstellung der gegenseitigen Hilfe von Arm und Reich auch für Wohlhabende die Möglichkeit einer christlichen Lebensführung aufzuweisen. Reichtum und Besitz können nur dann als Gabe Gottes betrachtet werden (similitudines 1,8; 2,10), wenn sie dazu dienen, den Notleidenden zu unterstützen (ebd. 1,8f.; visiones 3,9,2); so verwendet, bringt Reichtum keinen Schaden mit sich. Wird dadurch auch die Vorzugsstellung des Armen nicht aufgehoben – er gilt weiterhin sozusagen als der „Fromme erster Klasse"[25] –, so kann Hermas doch immerhin sagen: „Selig sind die, die Besitz haben und die Einsicht gewinnen, daß ihr Reichtum vom Herrn stammt" (similitudines 2,10).

Die Schrift des Klemens als erster Lösungsversuch

Ausführlich und umfassend hat erstmals Clemens Alexandrinus in seiner Schrift „Welcher Reiche wird gerettet werden?" das hier skizzierte Problem zu klären versucht. Er tut dies in Form eines Kommentars zur Perikope vom Reichen Jüngling (Mk 10,17–31). Adressat seiner Ausführungen sind Mitglieder der Gemeinde, die ihr Reichtum in ärgste Gewissensnot gebracht hat: „Dies aber sage ich in bezug auf die Reichen, die die Macht des Heilands und die in ihm erschienene Erlösung kennengelernt haben, während ich mich wenig um die kümmere, die noch nicht in die wahre Lehre eingeweiht sind"[26]. – Wir wissen freilich nicht, ob es sich hierbei um eine

[24] *Hermas,* similitudines 2,1–10. – *M. Dibelius,* Der Hirt des Hermas, Tübingen 1923, 555–556 (Exkurs: Reiche und Arme bei Hermas).

[25] *M. Dibelius,* Jakobusbrief 66.

[26] Klemens verwendet hier wie auch sonst häufig Termini der antiken Mysterienreligionen, S. u. Anm. 43.

„wirkliche Gemeindepredigt" oder um einen „geistlichen Vortrag" etwa vor dem engeren Kreis seiner Schüler handelt[27].

Sicherlich hat es in Alexandrien viele Vornehme und Reiche auch in der Gemeinde der Christen gegeben. Das bezeugen nicht nur die Werke des Klemens selbst[28]. In einer Weltstadt dieses Ausmaßes (nach *Diodorus Siculus* 17,57,6 lebten hier etwa 300000 Freie, das entspricht einer Gesamtbevölkerung von ungefähr einer Million)[29], „dem größten Handelsplatz der Oikumene"[30] mit blühendem Gewerbe, einem Zentrum von Bildung und Wissenschaft seit hellenistischer Zeit, ist das fast notwendigerweise so[31]. „Ihr einziger Gott ist das Geld; diese Gottheit verehren die Christen, diese die Juden, diese auch alle Heiden", so formuliert bissig ein fälschlich dem Kaiser Hadrian zugeschriebener Brief aus dem 4. Jh. in der Historia Augusta[32]. Was allerdings Klemens zu einer so grundsätzlichen Auseinandersetzung mit der Reichtumsproblematik konkret veranlaßt hat, können wir nicht mit Sicherheit sagen. Denkbar ist, daß „ebionitischer" Rigorismus innerhalb der Gemeinde zur Verunsicherung führte[33].

[27] *H. von Campenhausen,* Griechische Kirchenväter 40f.

[28] *P. J. Gussen,* Het leven in Alexandrie volgens de cultuurhistorische gegevens in de Paedagogus (boek II en III) van Clemens Alexandrinus, Assen 1955; *H.-I. Marrou,* in: Clément d'Alexandrie, Le pédagogue, livre I ed. *H.-I. Marrou – M. Harl* = Sources chrétiennes 70, Paris 1960, 62–64. 89–91.

[29] Die Angaben Diodors beziehen sich auf seine Zeit, also auf das erste vorchristliche Jahrhundert.

[30] *Strabo* 17,798: τὸ μέγιστον ἐμπόριον τῆς οἰκουμένης.

[31] Gut informiert über die Verhältnisse in Alexandrien *W. Schubart, Art. Alexandria,* in: Reallexikon für Antike und Christentum, Bd. 1, Stuttgart 1950, 271–283.

[32] Historia Augusta 29,8,6.

[33] Ebioniten sind durch das Hebräerevangelium, das vor allem durch Klemens und Origenes bezeugt ist, für Alexandrien belegt (*Ph. Vielhauer* in: Hennecke – Schneemelcher, Neutestamentl. Apokryphen I, Tübingen ³1959, 104–108.

Manches scheint gegen gnostische Weltverachtung gesagt[34]. Oder sind es einfach nur die „Bedenken“, „die jeder Reiche in der christlichen Gemeinde beim Lesen der Worte des Evangeliums über den Reichtum haben mußte“[35], die Klemens zerstreuen will? Wie dem auch sei – die tiefe Besorgnis des Klemens, die Wärme und Eindringlichkeit seiner Worte machen meines Erachtens hinlänglich deutlich, daß die Frage nach der Vereinbarkeit von Reichtum und christlicher Existenz für ihn nicht nur ein theologisches Problem war, sondern er sich aus tiefer seelsorgerlicher Verantwortung zu einer Stellungnahme gedrängt sieht.

Die kleine Schrift hat in der Forschung eine recht unterschiedliche Bewertung erfahren. Sie reicht von dem Urteil: „die dem Reichtum günstigste und dabei ökonomisch verständigste Schrift“[36] über das Votum „spannungsvoller Kompromiß“[37] bis hin zu der These, Klemens habe aus seiner „Gesamtkonzeption einer Vermittlung von römisch-hellenistischer Welt“ eine „programmatische Öffnung der kleinbürgerlich-pauperistischen Kirche für die Reichen“[38] versucht und „den Reichen ein theologisches Alibi für ihren Wohlstand geliefert“[39]. Vielleicht vermag ein skizzenhafter Über-

[34] Damit rechnen offenbar auch *Völker* (S. 207) und *A. M. Ritter*, Christentum und Eigentum bei Klemens von Alexandrien auf dem Hintergrund der frühchristlichen Armenfrömmigkeit und der Ethik der kaiserzeitlichen Stoa, Zeitschrift für Kirchengeschichte 86 (1974) 7, Anm. 26.

[35] *O. Stählin*, Einleitung 37.

[36] *E. Troeltsch*, Die Soziallehren der christlichen Kirchen und Gruppen, Tübingen 1922; Nachdr. 1965, 113, Anm. 57; vgl. *G. Uhlhorn*, Die christliche Liebesthätigkeit in der alten Kirche, Stuttgart 1895, 77: „durchaus gesunde Anschauungen von den irdischen Gütern“.

[37] *M. Hengel*, Eigentum und Reichtum in der frühen Kirche, Stuttgart 1973, 79.

[38] *W.-D. Hauschild*, Christentum und Eigentum. Zum Problem eines altkirchlichen „Sozialismus“: Zeitschrift für Evangelische Ethik 16 (1972) 38.

[39] *W. D. Hauschild* 37.

blick, der das Ganze interpretierend nachzeichnen will, zur Auseinandersetzung mit dem Werk anzuregen. Sie müßte meines Erachtens auf dem von *Ritter*[40] vorgezeichneten Weg weitergeführt werden.

Die Gewissensnot der Reichen

In den Einleitungskapiteln (1–3), durch die ausdrückliche Ankündigung zu Beginn von Kap. 4, nun mit der eigentlichen Erörterung beginnen zu wollen, deutlich als Proömium gekennzeichnet, spricht Klemens zunächst über die Motivation seines Vorhabens, beschreibt dann (2) die Hoffnungslosigkeit vieler reicher Alexandriner und ihre Gründe, um schließlich in Kap. 3, sozusagen als Schlußfolgerung aus der Lage der Reichen, eine methodische Vorüberlegung anzustellen über das, was ernsthafte seelsorgerliche Beratung der so bedrängten Christen zu leisten habe.

Verfolgen wir die Gedankenschritte im einzelnen: Eingeleitet wird die Rede mit einer Polemik gegen die heidnische Rhetorik, hier eine bestimmte Redeform, das Enkomion. Klemens will nicht so verfahren, wie es im rhetorischen Schulbetrieb seit *Isokrates* geübt wurde[41]; denn sittliche Pflicht ist es, die Reichen auf alle mögliche Weise zum Heil zu führen, statt sie durch Schmeichelei arglistig über ihre schwierige Lage hinwegzutäuschen. Dies ist erreichbar teils

[40] S. oben Anm. 34.

[41] Das Enkomion ist von *Isokrates* mit seinem „Euagoras" im eigentlichen Sinne erst begründet worden. Die spätere rhetorische Theorie hat ein differenziertes Schema mit den für eine Lobrede relevanten Gesichtspunkten aufgestellt. Neben die leiblichen und seelischen Vorzüge des zu Feiernden treten äußere Güter wie edle Abkunft, Ruhm, Zahl der Kinder und auch Reichtum (vgl. *Theon,* progymnasmata: Rhetores Graeci, hrsg. v. *L. Spengel,* Vol. II, Leipzig 1854, Nachdruck 1966, 109–112; H. I. Marrou, Geschichte der Erziehung 376f). Bereits *Aristoteles* nannte in der theoretischen Erörterung des Enkomion als mögliche Themen neben den Tugenden auch andere Vorzüge: Sieg, Ehre und „Besitz, der nichts einbringt" (Übers. *P.*

durch Gebet, teils durch Belehrung; denn wer die Wahrheit erkannt hat und entsprechend handelt – die hier bereits durchscheinende Zweiheit von Erkennen und guten Werken ist für das Gesamtwerk konstitutiv -, der wird den Preis des ewigen Lebens davontragen. Die Beschreibung der Situation der Reichen (2) bildet sozusagen den natürlichen Ausgangspunkt des Traktates: Das wörtliche Verständnis der Worte Jesu von „Kamel und Nadelöhr" führt bei vielen Reichen zu tiefer Resignation, so daß sie sich noch mehr dieser Welt hingeben und damit ihre Rettung endgültig aufs Spiel setzen. Andere verstehen zwar richtig, unterlassen aber die notwendigen Werke. Damit ist der einzuschlagende Weg vorgezeichnet: 1. die Reichen sind durch Belehrung über den wahren Sinn des Herrenwortes aus ihrer unbegründeten Verzweiflung zu befreien (3,1), und 2. nach dieser Belehrung muß aufgezeigt werden, durch welche Werke sie „der Hoffnung teilhaftig werden können" (3,2). Der das Proömium abschließende Vergleich zwischen Christ und Wettkämpfer vertieft beide Gesichtspunkte.

Zu Beginn des Hauptteils wird die angesprochene Zweiteilung in einem kurzen Gebet um das Gelingen des Vorhabens wieder aufgenommen. Damit ist gleichzeitig eine grobe Gliederung des Folgenden angedeutet (4–26; 27–38). Mit einer überleitenden Bemerkung, die zuversichtlich zum Ausdruck bringt, daß mit Gottes Hilfe die Lösung des bedrängenden Problems aus den Worten des Evangeliums selbst gewonnen werden kann, wird die Perikope vom „Reichen Jüngling" nach Mk 10,17–31 eingeführt, „Worte des Herrn", „die uns bisher beunruhigten, weil wir sie infolge unserer Torheit nicht genau überlegten und falsch auffaßten". Auf das Zitat, das mit geringen Abweichungen den uns

Gohlke); denn er ist einem freien Bürger angemessener (rhetorica 1,9,1367 a 26). Letzteres hängt zusammen mit dem ‚aristokratischen' Empfinden des Aristoteles und der Verachtung manueller Arbeit. Vgl. noch *Th. Payr*, Art. Enkomion, Reallexikon für Antike und Christentum, Bd. 5, Stuttgart 1962, 332–343.

bekannten Bibeltext wiedergibt[42], folgt (5) eine prinzipielle Betrachtung über die Methode der Bibelauslegung, m. a. W. eine kurzgefaßte Begründung der Allegorese. Diese auf *Philon von Alexandrien* zurückgehende Art der Schriftauslegung scheint uns heute äußerst fragwürdig, stellt sie sich uns doch als kaum kontrollierbare Willkür dar, die alles beweisen kann. Für Klemens ist das selbstverständlich anders; ihm ergibt sich diese Methode aus dem Wesen der Hl. Schrift selbst. Denn wir müssen wissen, „daß der Heiland die Seinen nie in menschlicher, sondern immer in göttlicher und geheimnisvoller (θείᾳ σοφίᾳ καὶ μυστικῇ) Weise lehrt"[43]. Daher dürfen wir seine Worte nicht oberflächlich (σαρκίνως) auffassen, sondern müssen durch sorgfältiges Nachdenken

[42] Wesentliche Abweichungen sind von *Stählin* vermerkt. Zu vergleichen ist ferner *M. Mees,* Die Zitate aus dem Neuen Testament bei Clemens von Alexandrien = Quaderni di „Vetera Christianorum" 2 (Bari 1970) 59–62.

[43] Die Passage ist durchsetzt mit Begriffen der Mysteriensprache. Klemens bedient sich ihrer häufig, um außerhalb der Kirche Stehende, nicht in die wahre Lehre Eingeweihte (οἱ ἀμύητοι τῆς ἀληθείας), wie er sie in 2,4 nennt, für die Lehre Christi zu gewinnen. Daher verwendet Klemens die Terminologie der Mysterien, wie man beobachtet hat, vor allem in der an die Heiden gerichteten Werbeschrift „Protreptikos" (*W. Völker,* Gnostiker 311 f.; *J. Bernard,* Die apologetische Methode bei Klemens von Alexandrien = Erfurter theol. Studien 21, Leipzig 1968, 36-42. 249–253). Hier hat Mysteriensprache allerdings eine wesentlich andere Funktion: Sie dient der Legitimation der allegorischen Bibelexegese. – Den gleichen Prinzipien folgt Klemens in der antihäretischen Polemik. Dem Doketisten *Cassianus* hält er, wenigstens implizit, vor, die Schrift wörtlich statt allegorisch aufzufassen. Da das Evangelium selbst eine mystische Lehre (μυστικὴ διδασκαλία) sei (stromata 6,127,3), die in Rätselform spreche (ebd. 5,32,1; 6,127,1), deren wirklicher Sinn daher verborgen sei (ebd. 6,116,1.2), dürfe man nicht nur auf den Leib der Schrift sehen, auf die Redensarten und Wörter, sondern müsse in sie eindringen und die Bedeutung der Wörter durchschauen (ebd. 6,132,3). Nür für den Gnostiker ist die Schrift durchsichtig und durchscheinend, für die große Masse bleibt sie dunkel (ebd. 6,116,2; 6,124,5 f.). Vgl. *F. Buri,* Clemens Alexandrinus und der paulinische Freiheitsbegriff, Zürich-Leipzig 1939, 23–25.

ihren verborgenen Sinn zu erforschen suchen; statt nur flüchtig mit den Ohren aufzunehmen, müssen wir „unseren Verstand in den Geist des Erlösers selbst und in das Geheimnis seines Gedankens versenken". Die Fragen, die wir an ihn zu richten haben, sind ganz und gar ihm entsprechend, da er ja zu unserer Erziehung und Belehrung auf die Erde herabgekommen ist (6).

Grundsätze der christlichen Lehre

Nach diesen Vorbemerkungen kann die eigentliche Exegese beginnen. Anknüpfend an die Anrede des Jünglings: „Guter Meister" legt Klemens (7–8) die für ihn wichtigsten Grundsätze christlicher Lehre (τὸ μέγιστον καὶ κορυφαιότατον) dar: Sie bestehen 1. in der Erkenntnis des einen, guten Gottes, der ewig ist und Geber ewiger Güter, und 2. im Erfassen der Größe des Heilands und der Neuheit seiner Gnade. Nähere Ausführungen zum letzten Punkt führen auf das Verhältnis von Gesetz und Gnade (8,3–9). Dazu nur kurz: Auch die totale Erfüllung des Gesetzes hat nicht vermocht, den Jüngling zur Vollkommenheit zu führen; denn das Gesetz hat nur vorbereitende Wirkung, führt nicht selbst zum ewigen Leben. Andernfalls hätte sich ja die Menschwerdung und der Kreuzestod des Heilands erübrigt. An sich ist das Gesetz „gut und heilig", da es auf die Vollendung durch Christus hin erzieht, der „Erfüllung des Gesetzes ist"[44]. Auch die sich anschließenden Ausführungen über die menschliche Willensfreiheit (10) brauchen nur kurz beleuchtet zu werden. Klemens knüpft sie an die Worte: „Wenn du vollkommen werden *willst*". Zwischen menschlicher Willensfreiheit und Gottesbegriff besteht eine enge Korrespondenz: Wie der Mensch die Möglichkeit hat zu wählen, so hat Gott die Möglichkeit zu geben. Die Güte Gottes ist Garantie, daß er jedem, der ernsthaft will und bittet, auch gewährt. Damit ist sichergestellt, daß die sittliche Verantwortlichkeit beim Men-

[44] Zum Verhältnis Gesetz und Evangelium etwa *F. Buri* 34–39.

schen selbst und nicht etwa in äußeren Verhältnissen oder gar bei Gott liegt.

Erst die an den Reichen Jüngling gerichteten Worte „Verkaufe, was du hast!" führen an das eigentliche Thema heran (11). Hier lag ja auch der Anstoß nicht nur für den Jüngling, der nicht begriff, daß die Worte Jesu einen tieferen und verborgenen Sinn haben, und deshalb traurig fortging (20,1), sondern auch für die reichen Christen Alexandriens. „Was meint dieses Wort?" so fragt Klemens. Man darf es keineswegs oberflächlich auffassen und als Forderung nach totalem Besitzverzicht mißverstehen; verlangt ist vielmehr – und hier ist nun die in Kapitel 5 begründete allegorische Methode zur Anwendung gebracht –, „aus seiner Seele die Gedanken an den Besitz zu verbannen".

Das also ist die Lösung, die Klemens zunächst den bedrängten Reichen der alexandrinischen Gemeinde anbietet. Sie argumentativ zu begründen und plausibel zu machen, ist das Ziel der folgenden Kapitel (bis 26).

Als erstes hebt Klemens hervor, daß ein bloß äußerer Verzicht auf Besitz nach buchstäblicher Auffassung des Herrenwortes gar nicht gemeint sein kann. Denn das ist an sich nichts Großes, es sei denn, es geschieht um des ewigen Lebens willen. Andernfalls müßte Besitzlosigkeit allein schon zur Seligkeit führen. Darin kann auch nicht das Neue und Einzigartige der christlichen Botschaft liegen, denn auch unter den Heiden gab es manche, die teils um der „toten Weisheit" willen, teils aus eitler Ehrsucht ihr Vermögen zurückließen[45].

Die neue Lehre des Sohnes Gottes muß etwas Größeres, Göttlicheres und Vollkommeneres sein (12,1). Wenn Frühere

[45] Es bedarf wohl kaum eines Hinweises, daß Klemens in seinen Angriffen gegen heidnischen Besitzverzicht die Motive, die zu einer solchen Handlungsweise geführt haben, verkennt bzw. unterstellt, es habe sich in allen Fällen um ein bloß äußeres ‚Sichtrennen' vom Besitz gehandelt. Gegen diese unterstellte Position setzt Klemens sein Konzept der inneren Freiheit.

ihren Besitz verließen, so blieb das nur äußerer Akt; die Leidenschaften ihrer Seele haben sie vielleicht dadurch noch gesteigert, da sie in ihrem Hochmut glaubten, etwas Übermenschliches geleistet zu haben. Es ist andererseits sogar möglich, daß jemand sich seines Besitzes entäußert, aber das Verlangen nach Reichtum weiterhin seine Seele gefangen hält, so daß er nun möglicherweise doppelten Schmerz empfindet: einmal weil ihm fehlt, was ihm nützen könnte, zum andern, weil er seine Handlungsweise bereut (12,4). Möglich ist auch, so heißt es an späterer Stelle, daß ein völlig Mittelloser als „berauscht von Leidenschaften« erfunden wird (18,5). – Die Argumente, die Klemens zusammenträgt, führen immer wieder zu demselben Ergebnis: Die Leidenschaften der Seele, die Begierde nach Reichtum muß mitsamt der Wurzel ausgerottet werden (11,2; 14,6; 18). Daß ein wörtliches Verständnis des Herrenwortes letztlich sogar dem Geist christlicher Lehre nicht gerecht wird, erhärtet Klemens durch den Hinweis auf positive Aspekte des Reichtums: Äußerster Mangel „beugt das Denken nieder", während ausreichende Versorgung mit dem Lebensnotwendigen Voraussetzung dafür ist, daß sich unser Denken frei von Existenzsorgen auf Höheres richtet (12,5). Darüber hinaus erweist Reichtum sich als nützlich, da er die Möglichkeit schafft, Bedürftigen zu helfen (13). Der letzte Gesichtspunkt wird weiter ausgeführt und auch biblisch begründet. Welche Möglichkeiten des Wohltuns blieben noch, wenn „keiner mehr etwas hat"? Wesentliche Gebote des Herrn könnten dann nicht mehr erfüllt werden. Die wörtliche Auffassung des Herrenwortes führt zu Widersprüchen (ἀλογώτατον 13,5).

Kap. 14 zieht eine erste Schlußfolgerung: Man darf also (ἄρα) das Vermögen, das auch anderen nützen kann, nicht wegwerfen; denn - die Wortbedeutungen bestätigen es – Besitz heißt so, weil er tatsächlich besitzenswert ist (κτήματα ... ἐστι κτητὰ ὄντα), und es heißt Vermögen, weil es etwas vermag (χρήματα χρήσιμα ὄντα) und nützt und zum Nutzen der Menschen von Gott geschaffen wurde. Entscheidend ist also

– und das ist, wie vieles in diesen Kapiteln, gut stoisch – der Gebrauch. Reichtum selbst ist nur Stoff (ὕλη) und Werkzeug (ὄργανον), das zum Guten wie zum Bösen gebraucht werden kann. An sich ist Besitz oder Reichtum weder gut noch böse; diese Prädikate sind vielmehr auf den anzuwenden, der mit freiem Willen ein an sich sittlich Indifferentes (ἀδιάφορον) gut oder schlecht verwendet. Daher gilt es, die Leidenschaften in der Seele zu bekämpfen, die den guten Gebrauch des Vermögens verhindern.

„Die Aufforderung", so schließt Klemens eine erste Gedankenreihe, „sich von allem, was man hat, loszusagen, und alles, was man hat, zu verkaufen, ist also in dem Sinne aufzufassen, daß sie von den Leidenschaften der Seele (πάϑη) gesagt ist" (14,6).

Ist aber Reichtum ein von Gott gegebenes Werkzeug, dessen Qualität abhängig ist vom Gebrauch, den die Seele davon macht, so kann die Verzichtsforderung, die ja sinnvoll nur auf die seelischen Leidenschaften bezogen wird (vgl. auch 19,3), sogar indirekt als Erlaubnis zum Gebrauch der äußeren Dinge gedeutet werden (15,6). Der Reichtum, von dem Jesus in der Perikope spricht, ist nun konsequenterweise Reichtum an Leidenschaften; er bedeutet Tod, sein Verlust Rettung (16,1).

Nähe und Abstand zu stoischen Denkformen

Mit größter Selbstverständlichkeit bewegt sich Klemens hier, wie man deutlich sieht, in stoischen Denkformen[46]. Selbst eine so realistische Einschätzung des Reichtums, wie sie aus 12,5 spricht, daß nämlich hinreichende materielle Ausstattung Voraussetzung für geistige Betätigung sei, ist innerhalb der Stoa, wenn auch nicht mehr einer streng orthodoxen,

[46] *M. Pohlenz,* Klemens von Alexandreia und sein hellenisches Christentum: Nachrichten v. der Akademie der Wissenschaft Göttingen 1943, 103–180 = *M. Pohlenz,* Kleine Schriften 1 (1965) 481–558; *M. Wacht,* Art. Güterlehre: Reallexikon für Antike und Christentum, Bd. 12, Kapitel C, Absatz Va.

denkbar. Vergleichen kann man eine auf *Panaitios* zurückführbare Passage aus *Ciceros* Buch „de officiis": „Besonders ist dem Menschen das Aufsuchen und Aufspüren der Wahrheit eigen. Deshalb sehnen wir uns, wenn wir von den notwendigen Geschäften und Sorgen frei sind, etwas zu sehen, zu hören, hinzuzulernen, und die Erkenntnis verborgener und bewundernswürdiger Gegenstände halten wir für notwendig zum glücklichen Leben."[47] Letztlich handelt es sich um eine aristotelische Position[48]. Ähnliches gilt auch für das Argument, Reichtum schaffe erst die Basis für Wohltätigkeit. So argumentierte auch *Seneca* in seiner Schrift „de vita beata": Reichtum ist „materia virtutis", er schafft erst die Voraussetzung zur Betätigung der Tugend der „beneficentia"[49]. Auch das ist eher eine stoische Randposition, die wieder auf *Aristoteles* zurückgeht[50]. Überhaupt hat man zwischen Senecas „de vita beata" und der Schrift des Alexandriners mannigfache Berührungspunkte festgestellt[51]. Eine zumindest im Argumentationsziel – hier wie dort geht es um Rechtfertigung von Reichtum – vergleichbare Situation legt ja derart engere gedankliche Berührungen auch nahe. Doch ist in jüngerer Zeit mit Recht geltend gemacht worden, daß trotz allem zwischen Seneca und Klemens eine gravierende Differenz besteht[52]. Auf sie kann hier ebenso wie auf die vielfältigen Berührungspunkte im einzelnen nicht näher eingegangen werden. Nur soviel sei gesagt: Die Motive für die Annäherung an stoisches Denken liegen sicherlich nicht in einer, letztlich apologetisch begründeten, „bewußten Helle-

[47] *Cicero,* de officiis 1,13; Übers. nach *H. Gunermann,* M. Tullius Cicero, De officiis. Vom pflichtgemäßen Handeln, Stuttgart 1976.

[48] Vgl. etwa *Aristoteles,* ethica Nicomachea 1,9,1099 a 31–1099 b 8; 10,8, 1177 a 28–1178 b 7; 1178 b 33–35; *Wacht, Güterlehre, Kapitel A, Absatz IId.*

[49] *Seneca,* vit. beat. 21,4–22,1.

[50] *Aristoteles,* eth. Nic. 10,8,1178 a 28f.; politica 2,5,1263 b 5–14.

[51] Siehe den in Anm. 46 genannten Aufsatz von *M. Pohlenz.*

[52] *A. M. Ritter* (o. Anm. 34).

nisierung" des Christentums. Eher ist es doch wohl so: Bereitliegendes philosophisches Material und eine von der Philosophie vorgegebene Problemlösung wird von Klemens gerne aufgegriffen mit dem Ziel, seine Ansicht argumentativ und vernünftig zu vertreten. Die Frage, ob „Hellenisierung" oder nicht, ist angesichts der Thematik, die Klemens hier beschäftigt, kaum zu beantworten. Sie setzt ja u. a. eine eindeutige und feste christliche Position voraus, die im Sinne etwa der stoischen Philosophie verändert wäre.

Bloße sprachliche Übereinstimmung oder selbst Annäherung im Begrifflichen oder auch in ganzen Ideenkomplexen läßt eine so weitreichende Schlußfolgerung nicht zu. Natürlich, Reichtum und Besitz werden ἀδιάφορος, ἀλλότρια, ὕλη, ὄργανον und anderswie genannt, lauter Begriffe, die Klemens gewiß der Stoa verdankt, aber philosophische Redeweise schließt christliche Sinngebung nicht aus.

Innere Distanz zum Reichtum, stoisch gesprochen „apatheia", ist es also, was Klemens zunächst den beunruhigten Reichen empfiehlt. Immer wieder wendet er diesen Gedanken hin und her, verifiziert ihn an Bibelworten und macht ihn zur Leitlinie seiner am Text fortschreitenden Erläuterungen: Wer sich um diese innere Freiheit bemüht, „der folgt dem Herrn wirklich nach" (16,1), ist „arm im Geiste" (16,3), reich im guten oder geistigen Sinne, da er an Tugenden reich ist (19) und „einen Schatz im Himmel haben wird" (19,6). Das Verhalten der Jünger rechtfertigt diese allegorische Deutung und bestätigt ihr Ergebnis. Sie verstanden, „was der Herr in bildlicher und dunkler Weise gesagt hatte, und hatten die Tiefe seiner Worte erfaßt" (20,4). Sie, die keine irdischen Schätze zurückzulassen hatten, waren sich bewußt, die Leidenschaften und Begierden ihrer Seele noch nicht ganz abgelegt zu haben; deshalb „erschraken sie sehr" (20,5). – Hier bestätigt sich eine Beobachtung, die *M. Pohlenz* gemacht hat, und die sich uneingeschränkt für das gesamte Werk aufrechterhalten läßt: „Klemens versteht es sehr wohl, klar zu gliedern und aufzubauen; aber er ist zugleich der

Prediger, der sich von Ideenassoziationen ablenken läßt und ruhig um der praktischen Einwirkung willen auf die Dinge, die ihm besonders am Herzen liegen, immer wieder zurückkommt."[53]

Geistige Unabhängigkeit von den irdischen Gütern ist jedoch nicht letztes Ziel, eher nur Voraussetzung für eine Haltung, die als eigentlich christliche bezeichnet werden kann. Schon der stoische Grundsatz, daß allein entscheidender Maßstab für Wert oder Unwert des an sich indifferenten Reichtums der Gebrauch sei, den sein Besitzer davon mache, wird von Klemens immer in einer ganz bestimmten Richtung verstanden: Richtiger Gebrauch besagt für ihn – Gebrauch des Reichtums für den Nächsten; denn dazu ist er von Gott bestimmt (14,1). Vermögen hat der Mensch als „Gabe Gottes", um damit Gott, der es gegeben hat, zum Wohle der Menschen zu dienen. Er muß sich also dessen bewußt sein, daß er weniger um seiner selbst als um seiner Mitmenschen willen Besitz erhalten hat (16,3). Klemens folgert sogar, daß Besitz, den jemand eigensüchtig für sich allein beansprucht und nicht dem rechten Gebrauch unterwirft, seinem Wesen nach ungerecht ist (31,5). Besitz erhält also erst dadurch seine Legitimation, daß er zum Wohle des Nächsten genutzt wird[54].

Darin wird ein entscheidender Abstand zur Stoa sichtbar. Ganz abgesehen davon, daß die schöpfungstheologische Begründung und Bestimmung des Reichtums in der stoischen Lehre natürlich keine Entsprechung hat, m. a. W. die positive Charakterisierung des Besitzes als Gabe Gottes zum Wohle der Mitmenschen ein indifferentes Verhalten ausschließt, der „rechte Gebrauch" ist innerhalb der Stoa gewissermaßen Sammelbegriff für das richtige Verhalten der autarken Persönlichkeit zu den äußeren Dingen. „Gut" oder „schlecht" werden bezogen auf das handelnde Subjekt und nach dessen

[53] *M. Pohlenz* 486.

[54] Vgl. *A. M. Ritter* 19; *M. Wacht*, Art. Gütergemeinschaft: Reallexikon für Antike und Christentum, Bd. 12 Kapitel C, Absatz IVa.

Nutzen oder Schaden bemessen: Richtig gebrauche ich den Reichtum, wenn es der Förderung meiner sittlichen Persönlichkeit dient. Selbst die gewiß nachdrücklichen sozialethischen Forderungen, die die Stoa weit mehr als alle anderen philosophischen Richtungen der Antike erhebt, sind letztlich individualethisch begründet. Klemens rückt dagegen den Nächsten und seine Bedürfnisse viel stärker in den Mittelpunkt.

Das Liebesgebot und Austausch der Dienste zwischen Reichen und Armen

Im zweiten Teil seiner Predigt will Klemens, so hatte er angekündigt, den vermögenden Christen, nachdem sie über den wahren Sinn der Worte Jesu belehrt sind, den Weg aufzeigen, den sie einzuschlagen haben: „Sie müssen lernen, in welcher Weise sie den Reichtum zu gebrauchen und das Leben zu erwerben haben" (27,1). Der immer wieder variierte Leitgedanke dieses zweiten Teiles ist das Gebot der Liebe, die Agape. Sie ist, schauen wir auf den Höhepunkt und Abschluß dieser Kapitel, „der unübertreffliche Weg" zur Rettung (38,1); an ihr hat sich der Gebrauch des Besitzes zu orientieren (38,5).

Wir können hier nicht Wesen und Eigenart der klementinischen Agape nachzeichnen. Nur auf wenige Aspekte, die in unserer Schrift sichtbar werden, soll die Aufmerksamkeit gelenkt werden. Begründet ist die Nächstenliebe in der Liebe zu Gott und Christus, der selbst Liebe und „Frucht der Liebe Gottes" (37,5) ist. Wie wir Gott lieben müssen, da wir von ihm zuerst geliebt wurden, so müssen wir auch Christus lieben; denn er ist – so lehrt das Gleichnis vom barmherzigen Samariter (28–29) – unser Nächster, der uns durch seine Liebe zuvorgekommen ist. Das ist in knappen Zügen nach Klemens Inhalt des Gebotes der Gottes- und Nächstenliebe. – Aus der Liebe zu Christus erwächst die Liebe zu unseren Mitmenschen, zu allererst zu denen, „die zum Glauben an jenen gekommen sind" (30,1); denn was wir ihnen an Liebe erweisen, gilt letztlich Christus selbst (30,1). Daß diese Liebe eine tätige sein muß und sich nicht in bloßer Gesinnung erschöpfen darf, schließt Klemens aus Mt 7,21 und anderen Herrenworten.

Doch Liebe ist keineswegs einziger Beweggrund für wohltätiges Handeln. Sein seelsorgerliches Anliegen mag für Klemens Anlaß sein, besonders in dieser Schrift auf traditionelle Motive christlicher Liebestätigkeit zurückzugreifen. So spielt ganz selbstverständlich, schon angesichts des Titels unserer Schrift und gewiß auch im Blick auf die Adressaten, der aus der jüdischen Tradition stammende Vergeltungsgedanke eine große Rolle. Furcht vor ewigen Strafen und Hoffnung auf himmlischen Lohn gelten als berechtigte Motive wohltätigen Handelns (30,4–5; 31,9; 33,3). Klemens spricht geradezu von einem „Handel", einem „göttlichen Markt" (ἐμπορία, θεία ἀγορά), der den Reichen die Möglichkeit eröffnet, „sich um Geld die Unvergänglichkeit zu erkaufen" (32,1). Er verknüpft damit eine andere frühchristliche Vorstellung, die *Hermas* in dem eindrucksvollen Bild von Ulme und Weinstock illustriert hatte, den Ausgleich zwischen Arm und Reich (s. o., S. 72f.). Mag Klemens auch in 11,3 ohne Umschweife geäußert haben, Armsein allein sei kein Vorzug, so wird doch hier eine große Nähe zur frühchristlichen Armenfrömmigkeit spürbar. Die Reichen sind die in religiöser Hinsicht Bedürftigen, während die Armen und sozial Schwachen bei Gott eine Vorzugsstellung innehaben, sein Wohlwollen genießen und in naher Freundschaft zu ihm stehen (33,1). Sie macht sich der Reiche durch seine mildtätigen Werke zu Fürsprechern bei Gott. Allerdings führt Klemens über die frühchristliche Armenfrömmigkeit und den Gedanken bloßen Ausgleichs weit hinaus. Die Armen und Schwachen sind charakterisiert als vollkommene Christen, Heilige (34,3) und Auserwählte (36,2); m. a. W. es handelt sich hier um die Gestalt des Gnostikers, in der uns Klemens sein sittliches Ideal vor Augen stellt. Mit begeisternden

Worten feiert er ihre tatkräftige Hilfe für den, der sie sich durch seine Wohltaten zum Freund gemacht hat: Sie treten durch Gebet und Fürbitte bei Gott für ihn ein, belehren ihn, feuern ihn durch Zuspruch an und mahnen ihn (35,1). Das genaue Gegenteil dessen stellen sie dar, was sich sonst als Freund der Reichen ausgibt, und wie sie der Eingang der Homilie schildert. Dabei leitet sie, wie das Ende von Kap. 35 deutlich macht, ausschließlich die Liebe zum Nächsten und zu Gott. – Die weltliche Ordnung scheint aus diesem Blickwinkel geradezu umgekehrt: Der Reiche ist nun der, der den Armen anflehen muß, etwas von ihm anzunehmen, der fürchten muß, daß dieser von ihm nichts wissen will (32,5). Unaufgefordert soll daher der Reiche seine Gaben geben, nicht warten, bis er gebeten oder durch Bitten belästigt wird (31,7). Er rät ihnen, unterschiedslos und ohne Ansehen der Person wohlzutun; denn „es ist möglich, daß du dich in deiner Entscheidung irrst" (33,2), und die Gefahr, jemanden von denen zu vernachlässigen, die Gott liebt, ist groß (33,3). Hüten muß er sich davor, sich von der äußeren Hülle leiten zu lassen, denn im Nächsten wohnt Gott (33,6).

So nachdrücklich nun Klemens auch hier auf die Vergeltung im Jenseits hinweist, und so wenig uns der Begriff des „Handels" oder des „Tausches" geeignet erscheinen mag, sittliches Handeln zu rechtfertigen – wie man einer Formulierung wie: „das gute Werk (wird) als rentable Transaktion dargestellt"[55] wohl anmerkt –, man wird dem Alexandriner ganz gewiß nicht gerecht, wenn man seine sozialethischen Ideen in die Nähe einer „Almosen- und Verdienstmentalität" rückt[56]. Klemens spricht in der Regel ganz anders: „Diejenigen, die meinen, durch die Hingabe ihrer vergänglichen Güter das Unvergängliche eintauschen zu können, werden in dem Gleichnis von den beiden Brüdern (Lk 15,17) ‚Tagelöhner' genannt... Sie stehen also erst an dritter Stelle nach der

[55] W. *Hauschild* 39.
[56] W. *Hauschild* 39.

Wahrheit etc." Was sich hier andeutet, ist ein Stufungsgedanke, der verschiedene Grade der sittlichen Entwicklung annimmt. Von den Motiven sittlichen Handelns her betrachtet, stellen Furcht und Hoffnung nur untere Stufen auf dem Weg zur Tugend dar; „zur Vollendung selbst führt, wie es sich geziemt, die Liebe" (stromata 4,53,1). Sie ist – das wird auch in unserer Schrift zur Genüge deutlich – das alles überragende Motiv auch der Sorge für den Nächsten. Jede Rücksicht auf persönlichen Vorteil ist ihr fremd: „Sie sucht nicht das Ihre (1 Kor 13,5), sondern ist über den Bruder ausgegossen usw." (38,1). Begründet ist sie in der Liebe zu Gott und Christus, der selbst erhabenstes Vorbild werktätiger Liebe ist. Furcht vor Strafe und Hoffnung auf Lohn dagegen sind ihr gegenüber nachrangig wie auch das Gesetz gegenüber dem Evangelium: Jenes bedient sich aus pädagogischen Gründen der Androhung von Strafen (9,2) und der Aussicht auf Lohn (stromata 7,69,8), die wesentliche Forderung des Evangeliums aber, die Furcht und Hoffnung als Triebkräfte des Handelns ausschaltet, ist die Liebe (bes. stromata 4,143,4–146,3). Wer nach dem Gesetz lebt und aus Furcht handelt, ist Diener Gottes (eclogae propheticae 61), wer aus Liebe handelt, ist Freund Gottes, Sohn Gottes, Bruder Christi und Miterbe (9,2; vgl. 36,1–2). Nur die Liebe läßt daher Klemens für den Gnostiker als Motiv guter Werke gelten (vgl. etwa stromata 1,9,3; 4,135–6).

Die Forderungen der Liebe sind umfassend und für alle Christen verpflichtend: Da Christus für jeden einzelnen von uns sein Leben hingegeben hat, fordert er von uns die Hingabe des Lebens füreinander; um wieviel mehr sind wir gehalten, die Dinge dieser Welt, die armselig und unserem Wesen fremd sind, einander nicht vorzuenthalten (37,4f.). „Wer seinen Bruder nicht liebt", so heißt es in leichter Abwandlung des 1. Johannesbriefes (4,20), dessen Geist diese ganze Passage atmet, „ist ein Mörder" (37,6).

Gehörig mißverstanden und zu sehr von heutiger Warte aus betrachtet scheint mir angesichts dieser Worte die Folgerung,

„die soziale Praxis (sei) zu sehr der freien Beliebigkeit anheimgestellt". Richtig daran ist nur, daß Klemens ebenso wenig wie andere frühchristliche Autoren, die das Problem „Reichtum und Eigentum" berühren, ein Sozialreformer ist, der strukturelle gesellschafts- oder gar wirtschaftspolitische Veränderungen propagiert; das konnte und wollte er nicht sein; seine Forderungen sind religiös-ethischer Art, aber deshalb nicht weniger bindend für den einzelnen. Dem Geist des Neuen Testaments ist er damit sicherlich näher als das, was hier vermißt wird.

Mit feierlichen, fast hymnischen Worten auf die Wirkungen der Liebe, eine Art Aretalogie, schließt die Behandlung der in Kap. 3 angekündigten Fragen ab: Klemens glaubt genügend dargelegt zu haben, „wer der Reiche ist, der keinen Platz im Himmel hat, und wie jemand seinen Besitz gebrauchen muß, um zum Genuß der ewigen Güter zu gelangen" (38,5–39,1). Was Klemens noch anfügt, ist eine Betrachtung über die Möglichkeit der Buße. Sie ist aus der Sicht des Predigers notwendig, um die, die den vorgezeichneten Weg bisher nicht gegangen sind, durch den Hinweis auf die verzeihende Güte und Langmut Gottes zur Umkehr (μετάνοια) zu ermuntern, um sie auch dadurch aus ihrer Verzweiflung und Hoffnungslosigkeit zu befreien. Der Gnostiker übernimmt hier die wichtige Funktion des Seelenführers, dem sich der Büßer bereitwillig unterordnen und anvertrauen soll. In der schönen Erzählung vom Apostel Johannes und dem abgefallenen, aber von dem Apostel wieder zur Gemeinschaft der Christen zurückgeführten Räuber, die *J. G. Herder*[57] dichterisch gestaltet hat, klingt die Predigt aus. Sie ist Illustration der seelischen Lage der Reichen und zugleich hoffnungsvolles Beispiel möglicher Überwindung von Resignation und Verzweiflung.

[57] *J. G. Herder,* Sämtliche Werke XXVIII, hrsg. v. *B. Suphan,* Hildesheim 1968 (Berlin 1884), 179-181: „Der gerettete Jüngling."

Bemerkungen zur Übersetzung

11 Anm. 1: Diese Verweise beziehen sich auf: Einleitung zu der Übersetzung der Werke des Clemens von Alexandrien, in: Clemens von Alexandreia, Ausgewählte Schriften. Aus dem Griechischen übersetzt von O. *Stählin,* I. Band (Bibliothek der Kirchenväter, 2. Reihe Band VII), München 1934, 42. 35ff. und 44.

16 Anm. 1: M. Mees, Die Zitate aus dem Neuen Testament bei Clemens von Alexandrien, Bari 1970, 59–62.

21 Anm. 1: Antiphon.frg. B49 (*H. Diels-W. Kranz,* Die Fragmente der Vorsokratiker, Berlin 1952, II 360,2)

28: Ich könnte sicherlich auch folgendes sagen:

29: Die Kapitelzählung ist nach der griechischen Ausgabe, wie folgt, zu korrigieren: 15,6 So gestattet ... Seele. 16,1 Der Reichtum ...

32: Der einleitende Satz ist Schlußfolgerung aus dem Voraufgehenden (im Griechischen ἄρα). Es ist also zu übersetzen: Der in Wahrheit und in gutem Sinne Reiche ist *also* der Mensch, ...

33: Die Übersetzung dieser Stelle ist strittig. *U. Wickert* (Bem.z.Cl.Al. 124–128) versteht in allegorischem Sinne: „Jene verderblichen Besitztümer der Seele laß denen (ἐχέτωσαν hat wegwerfenden Klang), die sich in fleischlicher Weise lediglich der äußeren Besitztümer begeben und dementsprechend dieser (zuletzt angedeuteten) Tugenden ermangeln; du hingegen empfange für den Reichtum an schädlichen Leidenschaften, den du (gewissermaßen ihnen) dahingibst, den Reichtum in Gott, und du wirst einen Schatz im Himmel haben." – *Ritter* (Christentum und Eigentum 18, Anm. 87) hat dieser interpretierenden Übersetzung energisch widersprochen, allerdings mit Gründen, die nicht voll überzeugen.

Ritter versteht unter ἔκεινα (jenes) „die materiellen, irdischen Güter". – Stählins Übersetzung nimmt keine Interpretation vorweg; deshalb ist sie hier beibehalten worden.

36 Anm. 3: Aristophanes (Fr. 300 Kock) = frg. 300 (J. M. Edmonds, The Fragment of Attic Comedy, Leiden 1957, vol. I, S. 658). – Suidas s. v. τεττάρων ὀβολῶν: Suidae Lexicon ed. A. Adler 4,528,19 (= Lexicographi Graeci vol. I 4, Stuttgart 1971)

41 Anm. 5: Der Verweis bezieht sich auf: Klemens von Alexandreia, I. Band, a. a. O. 40.

63 Anm. 1: Der Verweis bezieht sich auf: ebd. 42.

Literatur-Hinweise

Griechische Textausgabe:

Clemens Alexandrinus Bd. 3, hrsg. v. *O. Stählin*; 2. Aufl. v. *L. Früchtel*=Die griechischen christlichen Schriftsteller der ersten Jahrhunderte, Bd. 17, Berlin 1970, 157-191.

Weiterführende Literatur:

Countryman, L. Wm., The Rich Christian in the Church of the Early Empire, New York–Toronto 1980.

Farner, K., Christentum und Eigentum bis Thomas von Aquin, Bern 1947.

Hauschild, W.-D., Christentum und Eigentum. Zum Problem eines altchristlichen „Sozialismus“: Zeitschrift für evangelische Ethik 16 (1972) 34–49.

Hengel, M., Eigentum und Reichtum in der frühen Kirche. Aspekte einer Sozialgeschichte, Stuttgart 1973.

Pohlenz, M., Klemens von Alexandreia und sein hellenisches Christentum in: Ders., Kleine Schriften 1 (1965) 481–558.

Ritter, A. M., Christentum und Eigentum bei Klemens von Alexandrien auf dem Hintergrund der christlichen Armenfrömmigkeit und der Ethik der kaiserzeitlichen Stoa: Zeitschrift für Kirchengeschichte 86 (1974) 1–25.

Völker, W., Der wahre Gnostiker nach Clemens Alexandrinus, Berlin 1952.

Wickert, U., Bemerkungen zu Clemens von Alexandrien (Quis dives salvetur 19 und 42): Zeitschrift für die neutestamentliche Wissenschaft 50 (1959) 123–132.

Bibelstellen-Register

Inhalt